IMAGE MAKING

서비스 매너 및 커뮤니케이션 능력 향상을 위한

한 권으로 완성되는
이미지 메이킹과 면접

유정화 · 이나영 공저

(주)백산출판사

머리말

현대사회에서 이미지 메이킹(image making)은 사회적 성공여부를 좌우할 수 있는 중요한 역할을 한다. 어떤 사람은 능력은 있는데 자기 관리를 소홀히 하여 자신으로부터 표현되는 이미지 경영의 실패로 인해 피해를 보기도 하며, 또 어떤 사람은 자신의 능력보다 자신의 긍정적인 면을 표출시켜 주변 사람들로부터 좋은 평을 받기도 한다. 그러므로 이러한 우리의 현실 속에서 이미지 메이킹은 대중을 대하는 연예인이나 정치가의 전유물이 아니라는 것을 직시하고, 각자 개인적인 이미지 메이킹을 통해 자신의 삶에 활용할 줄 알아야 한다.

또한 사람들은 인간관계를 맺을 때 서로 간의 감정을 표현하게 되고 감정표현을 통해 인간관계를 시작한다. 현대사회는 커뮤니케이션을 잘하느냐, 못하느냐에 따라 인간관계의 성패가 좌우된다고 해도 과언이 아닐 정도로 중요성이 강조되고 있다.

사회적 동물인 사람은 정상적인 인간관계를 통해서 인간관계가 좋을 때 삶의 가치를 느끼게 되고, 자신의 존재를 인정받음으로써 행복을 느끼게 되기 때문이다.

이러한 인간관계의 기본 수단은 커뮤니케이션이며, 원만한 인간관계를 형성하고 유지하려면 커뮤니케이션 능력을 키우고 지속하려는 노력이 필요하다. 더불어 타인의 마음을 상하게 하는 것이 무엇인지 이해하고, 유대를 강화하며, 상대방을 배려하는 정신이 필요하다.

마지막으로 많은 취업준비생들은 취업전쟁이라고 할 만큼 식업을 구하기 위한 노력에 많은 시간을 투자하고 있다. 취업을 하기 위한 첫 관문은 이력서 및 자기소개서, 그리고 면접일 것이다. 이력서를 통하여 기업의 인사 담당자는 지원자를 처음으로 대면하게 되고 이력서를 통하여 첫인상을 갖게 되며, 지원자의 역량이나 능력, 태도 등을 판단하게 된다.

기업은 학력이나 경력보다는 일에 대한 도전적인 자세와 열정을 원하고, 개인보다는 팀워크를 우선시하는 사람을 원하며, 개성이 강한 사람보다는 조직사회에 잘 적응할 수 있는 인재를 원한다. 그러므로 취업을 준비하는 사람은 기업이 원하는 인재상에 맞게 자신을 잘 포장할 줄 알아야 한다.

따라서 본서는 서비스맨으로서 고객을 응대하고 그 역량을 펼쳐나가기 위해 갖춰야 할 기본적인 이미지 메이킹과 커뮤니케이션 능력을 함양하여 바람직한 이미지를 완성하는 데 그 목적을 두고 있다. 또한 취업을 위해 반드시 통과해야 할 서류와 면접 준비과정에 도움을 주고자 한다. 본서를 통하여 바람직한 이미지를 수립하고 향후 서비스 현장에서 그 역량을 마음껏 발휘하기 바란다.

책이 출판되기까지 도움을 주신 많은 분들께 진심으로 감사드린다.

저자 씀

차 례

CHAPTER

01

이미지 메이킹

CHAPTER

01

IMAGE MAKING

이미지 메이킹

1 이미지(Image)

1) 이미지의 개념

이미지란 '어떤 사람이나 사물로부터 받는 느낌이나 인상'이라 할 수 있으며, 사물이나 사람에게 받는 인상과 이전 감각에 의하여 얻어졌던 것이 마음속에서 재생한 것이라고 할 수 있다. 이러한 이미지란 용어는 일반적으로 널리 사용되는 반면 용어에 내포되어 있는 개념은 매우 모호하여 다양한 정의로 제시되고 있다.

또한 이미지는 어떠한 사물이나 대상에 대해 주관적으로 지각되고 형성된 실상과 허상의 집합체라고 할 수 있으며, 어느 한 요소가 아닌 그와 관련된 전체를 포괄하는 개념으로 지성적 이미지, 표정이미지, 태도이미지, 복장이미지, 감성이미지, 음성이미지 등의 다양한 요소를 포함한다.

다시 말해 어떤 사람을 생각할 때 떠오르는 얼굴 생김새, 음성, 말투, 옷차림, 성격, 헤어스타일, 걸음걸이 등 그 사람에 대한 수많은 생각들이 머릿속에서 형체를 만들고 그것을 편집하고 재구성하게 되는데 이렇게 그 사람에 대한 생각들과 감정들이 모인 것이 바로 '이미지'라 할 수 있다.

따라서 '나'의 이미지는 나의 의견과 무관하게 전적으로 타인이 보고 느낀 '나'의 모습이라 할 수 있으며, 내가 타인에게 공개한 나의 부분들의 총체라 할 수 있다. 이는 실제와 다르게 긍정적으로 형성될 수도 있고 부정적으로 형성될 수도 있다. 이처럼 '지극히 주관적인 개개인의 생각 속에 존재하는 나의 이미지'가 내가 속한 사회에서 엄청난 힘을 발휘한다면 그저 타인의 주관적인 생각일 뿐이라고 간과할 수는 없을 것이다. 이것이 바로 이미지가 첫인상에 큰 영향을 미치는 강력한 힘을 발휘하게 되는 이유이기도 하다.

2) 이미지 인식

미국의 심리학자이자 의사소통 전문가인 앨버트 메러비언(Albert Mehrabian)은 인간의 대화에서 언어가 설득요인의 7%를 차지하고, 음조, 억양, 목소리, 말투 등의 청각적 요소가 38%를 차지하며, 표정, 태도, 자세, 용모 등의 시각적 요소가 55%를 차지한다고 했다. 이는 상대를 설득하는 데 있어 언어적 요소가 절대적이 아님을 말해주고 있으며, 이미지는 한 가지 요소에 의해서만 평가받는 것이 아니라 다양한 요소의 결합이고 이 모든 것이 결합하여 전체 이미지로 평가된다는 것을 의미한다. 그러므로 이미지를 결정하거나 형성하는 조건은 다음과 같다.

① 첫인상은 7초 내로 결정된다.

② 이미지의 55%는 시각정보(표정, 인사, 자세, 용모, 옷차림 등)를 통해 결정된다.

③ 청각 이미지(목소리의 크기, 톤, 말투 등)를 통해 38%가 형성된다.

④ 7%는 언어(말하는 속도, 발음, 말씨, 경어의 사용, 논리적 구성)를 통해 형성된다고 할 수 있다.

앨버트 메러비언(Albert Mehrabian)의 법칙

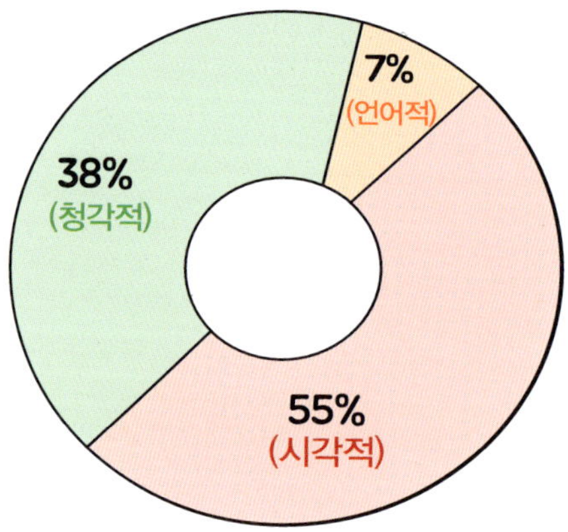

2 이미지 메이킹(Image making)

1) 이미지 메이킹의 개념

이미지 메이킹은 '이미지를 향상시키다', '이미지를 바꾸다' 등의 사전적 의미를 갖고 있으며, 사람이나 사물의 이미지를 향상시키고 개선시켜 이상적인 이미지를 만드는 모든 행위이다. 즉, 자신이 표현하고자 하는 모습을 가장 자기답고 호의적인 이미지로 부각시키기 위한 노력이며, 자신이 가지고 있는 이미지 중 장점을 부각시키고 단점을 보완하여 타인에게 긍정적이고 차별화된 이미지를 만들어내는 것이라 할 수 있다.

이를 통해 자신감이 생기게 되어 정체성 확립의 목표 달성으로 이루어지고, 이것은 곧 개인 능력의 극대화로 이루어지기도 한다. 미국의 유명한 언론인 월터 리프만(Walter Lippman, 1922)의 저서인 『Public Opinion』에서는 이미지 메이킹을 통한 개인의 이상적인 이미지 구축은 현대 경쟁사회에서 반드시 필요하다고 했다. 특히 상대방의 이미지를 통해 사회적 지위나 직업, 성격 및 능력, 감정상태, 사상, 취미 등을 추측하게 하고 이는 빠르게 사회에 인정 · 수용되는 방법으로 받아들여져 급속도로 이미지 메이킹의 중요성이 부각되고 있다는 것이다.

2) 이미지 메이킹의 요소

가. 내적 이미지

- 내적 이미지는 개인의 내면에 형성되어 있는 의식과 정서를 포함한 본질적인 이미지를 의미한다. 이러한 내적 이미지는 외적 이미지로 나타나게 되고 이것은 곧 사회적 이미지로 형성된다. 본질이 없는 현상은 있을 수 없다. 요즘 시대는 다른 사람을 평가하는 기준으로 외모를 중시한다. 하지만 그 외모를 가꾸어내는 것은 내면의 가치이고 그 외모는 내면에 의해 조종된다. 아무리 자신이 아름다워지고 싶어도 내면을 아름답게 가꾸지

않으면 그것은 금방 변하게 된다. 따라서 내면의 생각과 마음가짐이 무엇보다 중요하다는 것을 우리는 명심해야 한다.

나. 외적 이미지

- 외적 이미지는 내면의 본질이 종합적으로 외부로 표출되어 나타나는 현상적인 이미지를 의미한다. 다시 말해 외적 이미지는 내적 이미지가 외모, 표정, 자세, 행동, 말 등을 통해 외부로 표현되는 현상으로 자신의 신분과 역할에 따라 각각 다르게 표현되어야 한다. 이러한 외적 이미지는 사람을 평가할 때 잣대가 될 수 있으며, 상대를 판단할 때 가장 많은 비중을 차지할 수 있어 자신의 총체적 외모에 대한 객관적인 전략이 확보되어야 한다.

다. 사회적 이미지

- 사회적 이미지는 개인의 본질과 현상이 대인관계에서 상대적 교류로 나타나고 형성되는 관계적 이미지를 의미한다. 따라서 현상이나 상황에 따라 잘 표현되고 적용되어야 하며, 이를 위해서는 개인이 가지고 있는 내적 이미지와 외적 이미지의 본질이 좋아야 한다.

3) 이미지 메이킹의 중요성

현대 사회에서 이미지 메이킹은 사회적 성공여부를 좌우할 수 있는 중요한 역할을 하고 있다. 주변 사람들을 살펴보면 능력은 있지만 자기관리를 소홀히 하여 자신으로부터 표현되는 이미지 경영에 실패한 경우가 있는 반면 어떤 사람들은 자신의 능력보다 자신의 긍정적인 면을 표출시킴으로써 주변 사람들로부터 좋은 평을 받는 경우가 있다. 그러므로 이러한 우리의 현실 속에서 이미지 메이킹은 대중을 대하는 연예인이나 정치가의 전유물이 아니라는 것을 직시하고, 저마다 이미지 메이킹을 통해 자신의 삶에 활용할 줄 알아야 한다.

또한 개인의 인간관계와 밀접한 관련이 있기에 요즘같이 이미지가 중시되는 사회에서는 어떤 연령층이라 하더라도 자신의 이미지를 가꾸고 관리하는 것이 바람직한 인간관계를 맺기 위해서 중요하다는 것을 알아야 한다.

4) 이미지 메이킹의 효과성

첫째, 자신이 원하는 이상적인 모습을 연출할 수 있다.
둘째, 자신의 내면에 잠재된 능력을 계발할 수 있다.
셋째, 자신의 부가가치를 높일 수 있다.
넷째, 타인에게 긍정적인 이미지를 심어줄 수 있다.
다섯째, 내적 자신감의 증가와 외적 긍정적 이미지로 대인관계기술이 향상된다.
여섯째, 개인의 역할이 증가되어 역할의 폭이 넓어진다.
일곱째, 이런 모든 과정을 통해 성공적인 사회생활이 가능해진다.

● 자기 이미지가 개인에게 미치는 영향

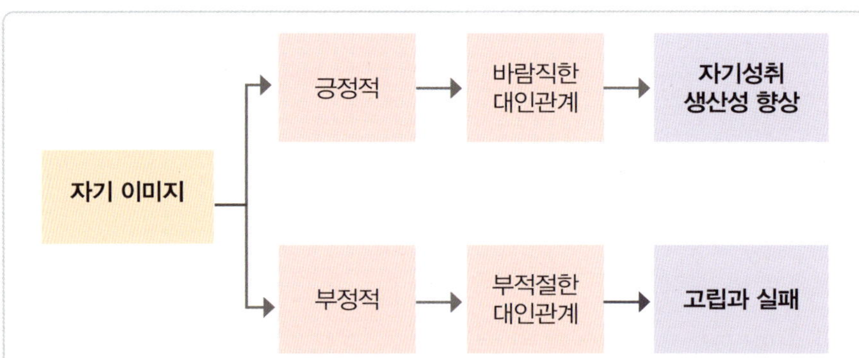

자료 : 김경호(2004), 이미지 메이킹의 개념정립과 프로그램의 효과성 분석 연구

인간이 자신에 대해 가지는 자기 이미지는 긍정적이거나 부정적일 수 있다. 자기 이미지가 긍정적인 사람은 대인관계도 원만하기 때문에 사회생활을 하는 데 특별한 문제가 없게 되고, 그로 이해 자기 성취나 생산성 또한 향상시킬 수 있다. 그러나 자기 이미지가 부정적인 사람은 대인관계가 원만하지 못해 의사소통에 문제가 생기기 쉬우며 이로 인해 사회생활에서 고립될 수 있고, 대인관계에서도 실패할 확률이 높아지게 된다.

3 이미지 메이킹의 방법

1) 이미지 메이킹의 기본원칙과 모델링 전략

기본원칙	있는 그대로의 모습으로 자신의 이미지를 만들어가는 방법으로 솔직하고 진실된 내면을 상대방에게 알리는 것이다.
모델링 전략	자신이 본받고자 하는 인물을 정해 그 인물의 특성 및 장점을 따르는 전략으로 단순히 모방에 그치는 것이 아니라 자신의 개성을 더해 새로운 이미지를 만드는 것이 목표이다.

2) 이미지 메이킹의 5단계

이미지 메이킹은 선천적이기보다는 후천적인 노력에 의해 만들어지는 것이다. 따라서 자신이 원하는 목표를 달성하기 위해서는 끊임없는 연습이 필요하다. 상대에게 호감을 불러일으키는 성공적인 이미지 메이킹 5단계는 다음과 같다.

1단계 : 자신을 잘 알아야 한다.(Know Yourself)

성공적인 이미지 메이킹을 위해 가장 먼저 해야 하는 것은 자신에 대해 정확히 아는 것이다. 스스로 자신을 객관화함으로써 자신의 장점과 단점을 파악하여 장점은 극대화시키고, 단점은 보완해 나가야 한다.

2단계 : 자신을 개발해야 한다.(Develop Yourself)

자신이 누구인지 무엇을 원하는지 알았다면, 이제 자신을 개발해야 한다. 자신만이 가지고 있는 개성이나 장점을 최상의 것으로 부각시켜서 자신만이 뿜어낼 수 있는 컬러를 만들어야 한다. 또한 자신이 설정한 목표의 완성을 위해 끝없이 노력해야 한다. 자기 개발을 위해서는 무엇보다도 적극적이고 능동적인 자세가 요구되며, 자기 확신을 바탕으로 지속적인 노력을 기울일 필요가 있다.

3단계 : 자신을 포장하고 상품화시켜야 한다.(Package Yourself)

"보기 좋은 떡이 먹기도 좋다." 제 아무리 좋은 상품도 포장이 형편없으면 평가 절하된다. 같은 물건이라도 그것을 어떻게 포장하느냐에 따라 물건의 가치와 그것을 대하는 우리의 태도가 달라진다. 자신의 개성을 토대로 자신의 이미지를 상황과 대상에 맞도록 표현하는 것이다. 따라서 상대에게 호감을 주고 신뢰감을 심어줄 수 있는 긍정적인 이미지로 연출해야 한다. 좋은 이미지 연출을 위해서는 다음과 같은 것들이 필요하다.

- 스마일
- 겸손한 태도
- 엄격한 시간 관리

- 품위 있는 말씨
- 조리 있는 대화
- 단정한 외모와 복장
- 능숙한 표현력

4단계 : 자신을 알리고 광고해야 한다.(Market Yourself)

자신의 가치를 상대에게 인식시키고, 높은 평가를 받을 수 있도록 노력하는 것이다. 다시 말하면 자신의 능력과 정체성을 상품화하거나 브랜드(brand)화하고, 명품화해서 자신의 이미지를 당당하고 긍정적으로 보여주는 태도가 필요하다.

5단계 : 자신에게 진실해야 한다.(Be Yourself)

자신이 원하는 이미지를 연출함과 동시에 자신의 내면 또한 동일시하는 노력을 하여야 한다. 그래서 연출하는 모습이 포장된 거짓이 아닌 진실함을 나타낼 수 있어야 한다. 순간을 위해 가식적인 이미지를 보인다면 상대방은 언젠가는 자신에 대한 정확한 평가를 하게 된다. 따라서 지속적으로 좋은 관계를 유지하기 위해서는 상대방을 대하는 동안 진실한 마음으로 대하여 나에 대한 신뢰감을 충분히 형성해야 한다.

위의 이미지 메이킹 5단계대로 자신의 장점과 단점을 파악하여 장점을 개발하고 그 장점을 특색 있는 모습으로 포장하는 것이 성공적인 이미지 메이킹의 첫 단추라 할 수 있다.

3) 이상적인 이미지 메이킹 방법

개인 이미지 향상의 출발점은 나 자신을 바르게 아는 것이다. 이 과정을 통해 자신이 원하는 이미지와 비교하여 어느 부분을 향상시킬지에 대한 방법도 나오게 된다. 실제 자신의 이미지를 올바로 인식하고 개선하고 관리할 수 있다는 신념과 변화에 대한 욕구를 가진다면 긍정적 이미지 연출이 가능하다. 효과적인 이미지 메이킹은 자신의 내면과 외면이 조화를 이루고 합치되었을 때 자연스럽고 올바르게 연출될 수 있다.

가. 외적 이미지 메이킹

- 자신의 체형이나 외모를 객관적으로 판단한다. 자신의 신체적 결함을 보완하고 긍정적이고 매력적인 자신의 장점을 부각시키는 것이 필요하다. 표정, 자세, 패션, 메이크업, 스타일, 화술 등을 자신이 이상적으로 바라는 이미지를 모방하여 자신의 스타일로 연출하는 것이다. 누구누구와 아주 흡사하거나 비슷한 인상을 가졌다는 점을 이용하여 외적으로 이미지 메이킹을 하는 것도 방법이다.

나. 내적 이미지 메이킹

- 개인의 외적인 이미지는 결국 내면에서 나온다. 내적인 이미지에 충실하면 외적인 이미지를 돋보이게 할 수 있으므로 왜곡되지 않는 진정한 자기 자신이 되기 위한 이미지를 찾아야 한다. 자신의 성격, 태도, 가치관 등에 대해 스스로 생각해보고 타인에게 나의 내적 이미지를 물어본 후 올바른 내면의 이미지를 만드는 것이 필요하다. 장점은 더욱 개발하여 부각시키고 단점은 그 원인을 분석하고 보완하려는 노력이 필요하다.

4 이미지 분석

1) 나의 이미지 분석

자신의 이미지를 현재보다 좋게 연출하기 위해서는 자신의 개성을 다양한 시간, 장소, 상황에 맞도록 최대한 부각시키려는 노력을 해야 한다. 그러나 이러한 노력을 함에 있어 단순히 마음속으로만 생각할 것이 아니라 먼저 현재의 모습이 어떤지 자기 자신에 대한 상태를 객관적으로 파악한 후 자료를 정리해보고 자신에 대해 객관적으로 평가해보는 시간을 가져야 한다.

나는 나의 이미지에 만족하는가?	
다른 사람은 나의 이미지를 무엇이라고 말하는가?	

내가 생각하는 나의 이미지는 무엇인가?	
내가 최종적으로 되고 싶은 이미지는 어떤 것인가?	

(2) 이미지 지수 체크 리스트

No	A그룹: 내적 이미지	Yes	No
1	현재의 내 이미지에 만족하는 편이다.		
2	나에겐 뚜렷한 희망과 목표가 있다.		
3	나쁜 습관보다 좋은 습관을 더 많이 가지고 있다.		
4	상대가 나를 어떻게 생각할까 늘 의식한다.		
5	매사에 긍정적이고 적극적이다.		
6	나는 감정적이기보다는 이성적이다.		
7	서점에 가면 꼭 자기계발서나 성공을 다룬 코너를 찾는다.		
8	잔잔한 클래식 음악을 들으며 책 읽는 것을 즐긴다.		
9	각종 문화행사에 대한 관심이 많아서 즐겨 찾는다.		
10	분노를 느낄 때 심호흡을 하며 흥분을 가라앉힌다.		
11	눈치(이해력과 판단력)가 빠른 편이다.		
12	무력감과 우울증에 빠져 있는 시간이 짧다.		
13	자동차 · 전철 속에서 성공한 미래의 나의 모습을 자주 그린다.		
14	매일 짧게라도 명상을 한다.		
15	사람들을 만나는 것이 즐겁고 대인관계도 원만하다.		
16	남에게 말한 계획은 반드시 지키려고 노력한다.		
17	항상 메모하는 습관을 가지고 있다.		
18	스트레스가 쌓이면 영화를 보거나 좋아하는 운동을 한다.		

19	컴퓨터 앞에 앉아 있는 시간이 즐겁다.		
20	생각하고 고민하는 것보다는 먼저 행동으로 옮긴다.		
21	시간 약속을 잘 지키는 편이다.		
22	친구와 쓸데없는 수다를 떨고 나면 시간이 아깝다는 생각을 한다.		
23	하루의 수면시간이 다섯 시간 내외이다.		
24	내 사전에 심심하고 무모한 시간이란 있을 수 없다.		
25	나에겐 이미지 모델이 있다.(내가 닮고 싶어 하는 인물이 있다.)		

No	B그룹: 외적 이미지	Yes	No
1	대체로 나의 외모에 만족한다.		
2	거울 앞에 있으면 습관적으로 몸 전체의 모습과 표정을 쭉 훑어본다.		
3	나보다 매력적인 사람을 만나면 그의 외적 이미지를 유심히 관찰한다.		
4	평소 잘 웃는 편이다.		
5	사람을 처음 만날 때 웃으면서 악수를 할 수 있다.		
6	직장 상사로부터 꾸중을 들을 때 멋쩍은 미소를 짓는다.		
7	사람들 앞에 나서는 것이 결코 두렵지 않다.		
8	화장을 자연스럽게 잘하는 편이다.(면도는 매일 한다)		
9	얼굴에 트러블이 생기면 재빨리 피부과에서 진료를 받는다.		
10	체중이 불어나면 즉시 식사량 조절에 들어간다.		
11	피부색에 맞는 컬러를 알고 체형의 결점을 커버하는 패션 감각이 있다.		
12	튀는 패션 컬러와 스타일을 좋아하며 상황에 맞는 옷을 입을 줄 안다.		
13	깔끔하고 단정한 패션 스타일을 좋아한다.		
14	상사를 만날 때 검정색 옷(양복)을 입지 않는다.		

15	여러 종류의 스카프(넥타이)를 갖고 있다.		
16	귀고리, 목걸이, 반지, 팔찌 등의 액세서리를 한꺼번에 다 착용하지 않는다.		
17	자세는 구부정하지 않고 반듯하며 걸음걸이도 당당하다.		
18	몸짓과 제스처는 우아하고 품위가 있다.		
19	인사성이 좋고 친절하다.		
20	상대방을 배려하는 습관이 몸에 배어 있고 공중도덕을 잘 지킨다.		
21	내 목소리가 상대에게 거부감을 주지 않는지를 늘 의식한다.		
22	교양 있는 말투로 겸양어를 자주 사용한다.		
23	상대방의 말을 잘 듣는 편이다.		
24	대화할 때 상대의 눈을 쳐다본다.		
25	음식을 깨끗하게 먹고 쩝쩝 소리를 내지 않는다.		

이미지 지수 평가결과

- **Ⅰ영역(A, B가 각각 12~25)**
  내적 이미지와 외적 이미지 모두에 관심이 많고 삶의 의욕 역시 강한 타입. 자신만의 개성을 지속적으로 잘 개발한다면 원하는 모든 것을 이룰 수 있음.
- **Ⅱ영역(A 12~25, B 12 미만)**
  내적 이미지 가치를 중시하여 외적 이미지를 추구하는 사람들에게 우월감을 느끼기도 하는 타입. 지성에 맞게 외적 이미지를 보완하면 매력적인 사람이 될 것임.
- **Ⅲ영역(A, B 각각 12 미만)**
  이미지에 관심이 부족하고 패배의식을 지닌 탓에 자신감이 부족한 타입. 적극적인 행동으로 외적 이미지를 구축해가면 내적 이미지도 강화될 수 있음.
- **Ⅳ영역(A 12미만, B 12~25)**
  외적 이미지에 관심은 많으나 자신에 맞는 외적 이미지를 찾지 못해서 내적 이미지의 강화효과를 보지 못하는 타입. 전략적 차원에서 외적 이미지를 강화하면서 자신감을 제고하다 보면 내적 이미지의 강화도 가능함.

자료 : 정연아, 『나만의 이미지가 성공을 부른다』, 느낌이있는나무

SUCCESS

CHAPTER

02

첫인상과 표정

❶ 첫인상

❷ 표정

❸ 호감 가는 인상 만들기

CHAPTER

02

IMAGE MAKING

첫인상과 표정

1 첫인상(First impression)

첫인상이란 처음에 들어온 이미지가 나중에 무엇을 판단하는 데 영향을 주는 것으로서 다른 사람에게 비춰지는 자신의 모습을 말한다. 또한 첫인상은 처음 대하는 사람에 대한 최초의 이미지이며 동시에 상대방에게 자신을 알리는 최초의 단계로 사회적 상호작용의 시작이며 추후 상호작용의 결정요인이 된다. 따라서 첫인상은 개인에 대한 주관적인 정보이자 인간관계의 출발점이라고 할 수 있으며, 외모가 80%, 목소리가 13%, 인격 7%로 형성된다.

1) 첫인상의 중요성

첫인상이 중요한 이유는 자칫 한 번 잘못 비쳐지면 상대방의 기억 속에 오랫동안 각인되어 회복이 어려워지기 때문이다. 더구나 사람들은 긍정적인 부분보다는 부정적인 부분에 더 집착하는 경향이 있고, 한번 안 좋은 인상은 다시 회복하기가 힘들다. 또한 사람들은 극히 시각적이다. 그리고 과할 정도로 다른 사람들의 외모에 영향을 받는다. 조사에 의하면 사람을 만나 2~3초에 첫인상을 형성하여 최초 30초 후에 그 사람에 관한 최종 결정을 내린다고 한다. 그래서 사람들이 첫인상을 바꾸기 위해서는 대단히 급격하고 충격적인 어떤 계기가 발생하여야 한다. 그러므로 자신이 연출하는 모든 것이 중요하며, 이렇게 연출하여 만든 첫인상에 대해 한 번의 기회를 놓치게 되면 오랫동안 후회할 수 있기 때문에 첫인상부터 호감 있게 가꿔야 한다.

2) 첫인상 전달의 특징

가. 일회성

- 첫인상이 전달되는 기회는 거의가 한 번뿐이다. 처음 한 번에 전달되고 각인된 정보는 평생 기억에 남으며, 가장 인상 깊게 보존되는 특성을 갖는다.

나. 신속성

- 첫인상이 전달되는 시간은 단 몇 초에 불과할 정도로 매우 짧으며, 상대의 나이나 직업, 성격뿐만 아니라 신뢰성, 호감 등도 어느 정도 평가할 수 있다.

다. 일방성

- 첫인상은 보여지는 사람의 의도나 동의 없이 그 사람의 사실이나 진가를 확인하지 않고, 보는 사람의 판단과 가치관에 따라 일방적으로 인식되고 형성된다.

라. 연관성

- 첫인상은 상상(想像)과 연상(聯想)을 가능케 한다. 실제와는 다른 사람을 떠올리거나 이미 익숙하게 기억하고 있던 사물과 연상하거나 혼동하여 그것을 첫인상으로 입력시키는 것이다.

이 네 가지 특징을 살펴보면 첫인상이란 보여지는 사람에게 불리한 구조인 것을 알 수 있다. 따라서 미리 준비하지 않으면 상대방에게 자신이 원치 않는 모습으로 각인될 소지가 다분하다.

3) 첫인상의 심리적 효과

가. 첫인상 형성에 영향을 미치는 효과

초두 효과 (Primary Effect)	먼저 제시된 정보가 추후 알게 된 정보보다 더 강력한 영향력을 미치는 현상을 말한다. 예를 들어 여러 개의 단어나 정보가 주어졌을 때 처음 제시된 단어나 정보를 중간에 위치한 것들보다 잘 기억하는 현상으로 서열 위치 효과(serial position effect)의 맥락에서 설명할 수 있다.
맥락 효과 (Context Effect)	처음 인지된 이미지가 이후 형성되는 이미지의 판단기준이 되고, 전반적인 맥락을 제공하여 인상 형성에 영향을 주는 효과이다. 즉, 처음에 긍정적인 정보를 얻은 대상이라면 이후에도 긍정적으로 생각하려는 현상을 가리킨다. 얼굴이 온화한 사람이 공부를 잘하면 지혜로운 사람이라고 생각하게 되는 반면, 이기적인 사람이 머리가 좋으면 교활한 것으로 해석되기도 하는 것이 맥락효과의 예라 볼 수 있다.
부정성의 효과 (Negativity Effect)	사람들은 타인의 인상을 평가할 때 대부분 긍정적으로 평가하지만, 어떤 부정적인 정보가 나타나면 다른 긍정적인 정보보다 부정적인 것에 더 큰 비중을 두고 인상을 평가한다. 즉, 10번의 좋은 일을 하고 한 번 나쁜 행동을 했을 때, 그 사람을 나쁘게 보거나 서운해 하는 것이 사람의 보편적 심리라 할 수 있겠다.
후광 효과 (Hallo Effect)	후광 효과는 어떤 사람이 가지고 있는 한 가지 장점이나 매력 때문에 다른 특성들도 좋게 평가되는 효과로서, 첫 만남에서 호감을 느낀 대상은 '그 사람이 매력적이고 지적이고 관대하다'는 평가를 받게 된다. 매력적인 사람이 못생긴 사람에 비해 거의 모든 영역(자신감, 대인관계, 적극성, 성실성 등)에서 유리한 평가를 받는다.
대비 효과 (Contrast Effect)	어떤 사람이나 사물에 비교할 만한 그 무엇이 있을 때 판단을 내리기가 쉽다는 것을 뜻한다. 즉, 추하고 값싸고 부족한 것을 뒤이어 보여주면 앞에 본 것이 더 아름답게 느껴지거나 값지게 느껴진다는 것이다. 예를 들어 1억 원이나 나가는 고급 차를 산 후 카시트를 주문하기 위해 상점에 갔다고 가정해보자. 판매원이 고급 차에 어울리는 500만 원짜리 가죽시트를 사라고 권할 경우 그 제품을 구입할 가능성이 매우 높다. 그 이유는 1억 원에 비해 500만 원은 푼돈처럼 느껴지기 때문이다.

현저성 효과 (Vividness Effect)	한 가지 두드러진 특징이 그 사람의 인상 형성에 많은 영향을 미치는 효과를 말한다. 체격이 뚱뚱하면 운동을 못할 것 같고, 키가 작으면 달리기를 못할 것이라고 생각하는 식의 부정적 오해와 키가 커서 성격이 시원시원할 것이라고 느끼게 되는 긍정적인 측면이 이에 해당한다.
방사 효과 (Radiation Effect)	지위가 높거나 유명한 사람과 함께 있을 때 사회적인 지위나 자존심이 고양되는 현상을 말한다. 사람들이 거리에서 예쁜 여자와 다니는 못생긴 남자를 봤을 때 그 남자에게 뭔가 다른 특별한 것이 있을 것이라고 판단하는 예가 이에 해당된다.
악마 효과 (Devil Effect)	후광 효과와 반대되는 현상으로 보여지는 외모로 모든 것을 평가하여 상대를 알기도 전에 부정적으로 판단해 버리는 것을 말한다. 즉, 지저분하고 깔끔하지 못한 이미지를 가진 사람은 능력도 없고, 불평불만이 많을 것 같고, 사회성이 부족할 것 같다고 느끼게 되는 현상을 말한다.

나. 시간 흐름에 따른 첫인상 각인의 효과

구분	특징	판단요소
첫 인상	• 외모에 의해서 상대편이 일방적으로 평가한다. • 5~6초 안에 신속하게 이뤄진다. • 외모만을 보고 성격이나 신뢰감에 대한 연상을 일으킨다. • 단 한 번뿐이다. • 나에 대해 긍정적, 부정적인 마음을 갖게 한다.	표정, 모습, 인사, 옷차림, 자세, 태도 등 주로 외적인 부분으로 인상이 결정됨
중간 인상	• 첫인상에 대한 평가에 의해 지속적으로 영향을 받는다. • 부정적인 첫인상을 바꿀 수 있는 유일한 시기이다. • 긍정적인 첫인상을 강화하는 시기이다. • 생각을 행동으로 실천하게 하는 시기이다.	만남이 진행되는 과정에서 말하는 태도와 내용, 말투 등으로 평가됨
끝인상	• 긍정적인 생각을 한다고 느끼면 소홀하기 쉽다. • 긍정적인 중간인상을 마무리 각인시키는 과정이다. • 신뢰감을 형성한다. • 지속적인 만남을 가질 것인가를 결정한다.	만남이 마무리되는 과정에서 결정되는 인상으로 소홀하기 쉬움. 인사, 자세, 시선, 말투, 태도 등에 더 신경을 써야 함

2 표정

1) 표정의 중요성

표정은 첫인상을 결정짓는 중요한 요소 중 하나이다. 우리가 사람을 처음 볼 때 시각적인 이미지가 약 55%를 차지하고, 그 시각적 이미지 중에서 표정이 차지하는 비율은 80% 이상이다. 특히 얼굴표정은 사람의 신체 중에서 가장 표현력이 있고 눈에 띄는 중요한 요소 중 하나이므로 그 사람의 속마음을 나타내기도 하고, 상대방의 기분을 판단하기도 하며, 상대방에게 호감을 주느냐 못 주느냐를 결정하기도 한다.

표정은 마음의 창이며 심성의 분화구이다. 마음이 어두우면 표정이 흐리고, 심성이 악하면 표정이 표독해질 수 있다. 표정으로 거짓을 말하기 어려우며, 굳어진 표정으로 밝고 아름다운 대화나 성공적인 만남이 이루어지기는 더욱 힘들다. 그러므로 표정을 보면 그 사람의 마음속을 들여다볼 수 있고 그 사람의 상태를 한눈에 알 수 있기 때문에 표정은 그 사람됨을 나타내는 전체라고 말한다. 따라서 바람직한 표정을 위해 평소에 마음가짐을 바르게 하고 자신의 교양을 부단히 쌓아 품위 있는 인격을 함양시켜야 한다.

또한 표정은 대인관계나 사회생활의 출발점이므로 취업에 대비한 면접뿐만 아니라 직장생활을 할 때 좋은 이미지를 만들고 지속적으로 상대방의 마음을 열기 위해 호감을 주는 표정을 유지하는 것이 중요하다.

표정의 중요성을 요약해보면 다음과 같다.

- 표정은 첫인상에 작용하여 이미지를 결정짓는다.
- 첫인상이 좋아야 그 이후의 대면이 가능해지며 호감이나 호의적인 태도를 형성할 수 있다.
- 밝은 표정은 환영을 의미하고 자신감을 갖게 해주며 소극적인 태도를 적극적으로 변화할 수 있게 한다.

- 상대방의 표정은 나로 인해 결정된다. 나의 표정이 밝고 환하면 보는 이를 하여금 즐겁게 만드는 효과가 있는 것이다.
- 밝은 표정은 타인의 경계심을 없애고 친근감을 전달하여 좋은 커뮤니케이션을 이끄는 데 중요한 도구로 작용한다.

우리의 표정은 어떤 이미지일까?

사람의 얼굴은 80여 개의 근육으로 이루어져 있으며, 이 중 희로애락을 표현하는 데 사용되는 근육은 50여 개 정도이고 이 근육으로 만들 수 있는 표정의 수는 7,000여 가지에 이른다. 과연 우리는 몇 가지의 표정을 가지고 있을까?

아침에 일어나서 저녁에 잠자리에 들 때까지 하루 종일 나의 표정 중 어떤 표정을 제일 많이 지었는지 스스로 생각해보자.

하루 24시간 중 내가 내 자신을 보는 시간보다 오히려 타인에게 보이는 시간이 더 많다는 것을 알 수 있다. 이는 인간이 수많은 사람들과의 관계 속에서 살아가는 사회적 동물이라는 점에서 많은 부분을 시사해준다.

원활한 인간관계와 사회생활을 위해서 자신의 표정이미지가 얼마나 중요하고 많은 영향을 미치는지 기억해야 한다.

● 표정의 중요성

24시간 – (거울 보는 시간+잠자는 시간) = 타인에게 보여지는 시간

"즐거워서 웃는 것이 아니라 웃기 때문에 즐거운 것이다."라는 말이 있듯이 항상 밝은 표정을 짓기 위해 노력한다면 우리의 삶도 즐겁고 행복한 것으로 바뀔 수 있을 것이며, 나의 이미지 또한 긍정적으로 변화할 수 있을 것이다.

2) 비호감 인상

가. 끝이 올라간 눈썹

- 화난 눈썹을 지을 때 안쪽 눈썹은 내려가고 바깥쪽은 올라가는 모양새가 된다. 그래서 눈썹이 올라가 있으면 성격이 거세 보이기 마련이고 이는 선천적으로 타고나기도 하지만 수십 년간 반복되는 표정에 의해 굳어지기도 한다.

나. 주름진 미간

- 걱정에 잠겨 있거나 화를 낼 때는 보통 눈썹을 찡그리게 되고 동시에 미간에 주름이 진다. 이를 반복하면 미간 주름이 고착화되어 가만히 있어도 근심이 있거나 화난 사람처럼 보인다. 미간 주름은 상대방에게 안 좋은 인상을 줄 뿐만 아니라 자기 자신에게도 우울한 감정을 유발한다. 한 연구 결과에 따르면 미간 주름을 개선하는 것만으로 우울증 개선에 효과를 보였다고 한다.

다. 처진 광대뼈

- 어린 아이들을 보면 앞 광대가 볼록하게 차올라 있다. 하지만 나이가 들면서 중력의 영향을 받아 앞 광대부위의 지방층과 근육이 아래로 처져 눈밑이 꺼지고 팔자 주름이 생긴다. 눈밑이 꺼지면 피로해 보이고 차가운 인상을 주며 팔자 주름은 대표적인 '노안 주름'으로 불릴 정도로 나이가 많아 보이게 한다.

라. 처진 입꼬리

- 눈썹과 더불어 표정을 가장 많이 드러내는 부위가 입술이다. 웃을 때는 입꼬리가 올라가고 슬플 때는 내려가기 때문에 사람은 자연스럽게 입꼬리가 올라간 인상을 선호한다. 일반적으로 한국인의 볼 굴대(입꼬리 주변 근육)는 서양인에 비해 낮은 곳에 위치하기 때문에 가만히 있어도 우울해 보이기 쉽다. 그래서 습관적으로 웃는 인상을 짓는 연습을 하는 것이 좋다. 하지만 입꼬리를 올리더라도 윗입술까지 위로 들려 잇몸이 보이는 모습은 그리 좋지 않다.

3) 호감 인상

가. 부드러운 눈썹

- 눈썹 끝이 내려가 있으면 상대방에게 신뢰감을 준다는 연구 결과가 있다. 눈썹 끝을 꼭 내릴 필요는 없지만 인상이 강해 걱정인 사람이라면 눈썹부터 체크하자. 눈썹형태가 인상에 미치는 영향력은 생각보다 크다. 인사할 때 양 눈썹을 들어올리는 표정을 짓는 것도 좋다.

나. 자연스런 미간

- 눈썹과 눈을 찡그리는 표정을 자주 지으면 생기는 미간 주름은 의식적으로 미간을 찡그리지 않는 것만으로 얼굴표정을 밝게 한다.

다. 볼록한 광대

- 똑같은 얼굴이라도 웃는 표정을 지을 때에는 앞 광대가 위로 볼록 올라가 차오르고 시무룩한 표정을 지으면 앞 광대의 근육이 처져 피로해 보인다. 시무룩한 표정을 하고 있을수록 노화도 빨리 진행된다.

라. 올라간 입꼬리

- 자연스러운 미소와 웃는 인상은 보는 사람을 기분 좋게 한다. 입술을 양옆으로 당긴 상태에서 양끝을 위로 올리는 표정을 자주 지으면 광대 부위가 위로 올라가 앞 광대가 볼록해지며 입꼬리 양쪽이 올라간다.

3 호감 가는 인상 만들기

"안녕하십니까? 어서 오십시오. 무엇을 도와드릴까요?"라는 말과 함께 밝은 미소가 동반된다면 그 친절함이 가장 효과적으로 전달될 것이다. 만약 무표정이나 좋지 않은 표정으로 말했다면 과연 도와줄 의도가 있는 건지 의심이 들 수도 있다. 이처럼 미소는 상대방에게 호감을 줄 수 있고, 신뢰감을 향상시킬 수 있으며 긍정적인 반응으로 이끌어낼 수 있기 때문에 최고의 인간관계를 만들어낼 수 있다.

미소는 상대방의 마음을 여는 열쇠이므로 많은 연습과 노력이 필요하다. 효과적인 미소의 연출은 다음의 조건이 전제되어야 한다. 첫째, 상황에 어울려야 한다. 둘째, 가볍고 자연스러운 미소를 연출해야 한다. 셋째, 진심을 담아 미소를 지어야 한다.

1) 미소의 효과

웃는 얼굴에 침 못 뱉는다는 속담이 있다. 우리의 표정은 상대뿐만 아니라 스스로에게 여러 가지 효과를 준다. 지금 바로 웃는 표정을 지으면서 효과를 확인해보자.

가. 마인드 컨트롤

- 대부분의 사람들은 기쁨을 느낄 때 미소를 짓는다. 웃는 행동은 기분을 좋게 하고 천연 진통제로 작용하는 엔도르핀과 도파민, 세로토닌의 방출을 촉발시킨다.

나. 감정이입 효과

- 하품이나 재채기만 전염되는 행동으로 알고 있는 경우가 많다. 하지만 웃음도 전염이 된다. 연구에 따르면 웃는 것은 행복감과 즐거운 환경에 대한 자연적인 반사반응이다. 이는 웃는 행동 자체가 행복하게 만들고 다시 행복감으로 인해 웃게 된다는 것이다. 즉 긍정적인 순환이 이루어지는 것이다. 또 다른 연구에 의하면 웃는 사람에게는 자동적으로 사람들이 끌리는 것으로 나타났으며, 이는 웃는 것이 자신의 기분에 영향을 줄 뿐만 아니라 다른 사람에게 더 매력적으로 보이게 만든다는 것을 의미한다. 따라서 웃음은 자신뿐 아니라 상대방의 기분까지 좋게 만든다는 것을 명심하자.

다. 면역력 강화

- 웃음은 암과 당뇨나 관절염, 몇 가지 자가 면역 질환 등 만성질환의 위험을 낮추는 최고의 약으로 꼽힌다. 연구에 의하면 긍정적인 감정과 행복감, 기쁨, 웃음, 미소 같은 기분 좋은 자극은 면역 반응을 증가시키고 침 속의 코르티솔 분비를 감소시키는 것으로 나타났다. 또 뇌가 느끼는 기분 좋은 감정은 면역글로불린의 분비를 증가시킨다. 면역글로불린은 혈청성분 중 면역에 중요한 역할을 하고, 또 항체작용을 하는 단백질의 총칭이다. 뇌는 면역체계에 큰 영향을 미치기 때문에 웃거나 미소 짓는 등의 기분 좋은 상황에서 신체의 전반적인 건강이 향상된다.

라. 건강 증진

- 연구에 따르면 웃는 것은 일상생활에서 발생하는 각종 스트레스를 극복하는 데 도움이 된다. 연구팀은 169명의 실험참가자를 대상으로 3가지의 얼굴표정 중 한 가지를 지어보라고 했다. 그리고 스트레스를 증가시키는 상황에서 심장 박동수를 측정했다. 그 결과 웃는 표정을 지을 때 신체의 스트레스 반응이 감소하고 심박수와 혈압이 현저하게 떨어지는 것으로 나타났다. 밝고 긍정적인 마음은 본인의 마음을 편하게 하여 건강에 도움이 된다. 또한 웃음 자체는 스트레스 해소에도 좋고 상호 간의 관계를 좋게 하여 관계에서 오는 스트레스를 줄여 건강을 증진시킨다.

마. 실적 향상

- 비관론자는 모든 기회 속에서 어려움을 찾아내고 낙관론자는 모든 어려움 속에서 기회를 찾아낸다. 더 많이 웃을수록 뇌의 부정적인 성향을 더 많이 퇴치할 수 있으며, 웃는 뇌를 재설계해 긍정적 패턴에 적응할 수 있도록 한다. 특히 행복감은 비즈니스 세계에서 강력한 것이다. 행복감은 당신 주위에 만족감과 마음의 평화, 성공의 기운을 만들어 다른 사람이 자연스럽게 끌리게 하며, 상호 간의 밝은 표정으로 업무의 효율성을 증진시키고 일의 능률뿐 아니라 실적 또한 향상시킨다.

2) 미소 훈련

나이든 사람의 얼굴 표정을 보면 그 사람이 지금껏 어떻게 살아왔는가를 알 수 있다고 한다. 마음속에 불만이 있거나 우울한 사람은 근육이 모두 아래쪽으로 처져서 발달하고, 반면 항상 밝은 마음으로 살아온 사람들의 표정은 부드럽고 자연스럽게 생겨난 주름을 볼 수 있다. 같은 주름이라도 그 주름의 느낌은 많이 다르다. 이제부터 새로운 자신의 이미지를 만들어보자. 거울을 준비하고 풍부한 표정연출을 위한 얼굴 근육 운동을 단계적으로 살펴보도록 하자.

가. 눈 운동

– 눈썹

눈썹은 자연스런 얼굴의 표정을 연출하는 데 있어서 중요한 부분이다. 또한 화나거나 짜증이 날 때 가장 먼저 변화되는 것이 눈썹과 이마 주변의 근육들이다. 따라서 수축과 이완 동작을 통해 힘을 주지 말고 눈썹 주변의 근육을 풀어야 부드러운 인상을 만들 수 있다.

- 양손의 검지 손가락을 수평으로 해서 눈썹에 가볍게 붙인 상태로 눈썹만 상하로 움직여 준다.
- 이마의 주름이 생기도록 눈썹을 올렸다가 3초 후에 내리는 동작을 반복한다.
- 한번에 5회 실시한다.

눈썹 운동

– 눈

총명하고 밝은 눈빛은 타인에게 신뢰감을 줄 수 있다. 그러나 눈이 피로하면 눈꺼풀과 눈밑이 거뭇거뭇해지고 생기 있는 느낌을 줄 수 없으며 시력 또한 떨어진다.

- 먼저 조용히 눈을 감고 마음을 안정시키면서 숨을 깊게 들이마신다.
- 마음이 안정되면 눈을 떠서 눈동자를 상->하->좌->우로 돌린다.
- 눈동자를 위에서부터 원을 그리며 시계방향으로 천천히 돌려준다.
- 눈동자를 위에서부터 원을 그리며 반시계방향으로 천천히 돌려준다. (매 운동마다 원위치로 돌아와 잠시 눈을 감았다가 뜨는 것을 반복한다.)
- 이러한 동작을 2~3회 반복한다.

눈 운동

나. 볼 운동

-입모양이 활짝 열리기 위해서는 우선 뺨에 있는 큰 광대근이 유연하게 풀려 있어야 입꼬리를 활짝 당겨줄 수 있다.

- 풍선을 불듯이 입안에 공기를 빵빵하게 넣는다.
- 볼이 빵빵해지도록 공기를 불어넣는다.
- 입을 다문 상태에서 오른쪽, 왼쪽, 위, 아래로 3회 정도 반복해서 움직인다.
- 양볼을 부풀린 후 갑자기 꺼지게 하는 것을 3회 정도 반복한다.

볼 운동

다. 입 운동

- 자연스러운 미소를 연출하기 위해서는 무엇보다도 입꼬리가 환하게 올라가야 한다. 입꼬리가 처진 입 모양은 우울하고 불만이 있는 것처럼 보이기 때문이다.

- 양 입술 사이에 종이 한 장 문 느낌으로 살짝 다문다.
- 양 끝을 '이' 하면서 쭉 벌리고, '우' 하면서 내민다.
- 이와 같은 동작을 3회 반복한다.

- 입 주위 근육을 풀기 위한 운동

- 배에 힘주고 아랫배는 당기고, 발음은 정확히, 입은 크게 한다.
- '하'(손가락 세 개가 들어갈 수 있을 정도 크게 벌린다.)
- '히'(입 부분이 귀까지 닿을 수 있을 정도 크게 벌린다.)
- '후'(입을 앞쪽으로 쭉 내민다.)
- '헤'(타원형을 만든다.)
- '호'(입을 둥글게 앞쪽으로 내민다.)

입 운동

라. 입술

- 입술을 오므려 '쪽' 빨아들이듯 볼을 끌어당긴다.
- 입술 전체를 최대한 왼쪽 볼 쪽으로 이동시킨다.
- 입술 전체를 최대한 오른쪽 볼 쪽으로 이동시킨다.
- 입술에 힘을 빼고 윗입술과 아랫입술이 진동이 되도록 바람을 길게 뱉어낸다.(매 동작마다 입술을 정면으로 원위치시킨다.)
- 입술에 힘을 빼고 푸~ 하고 털어준다.
- 5회 반복한다.

마. 미소 만들기

- 얼굴 근육운동은 아침 기상 후, 면접 전에 근육을 이완시키기 위해 반드시 실시하며 평상시에도 수시로 표정 연습을 하는 것이 좋다. 매력적인 웃음을 연출하기 위해 근육 훈련과 함께 웃는 표정을 만드는 연습을 해야 한다.

- 눈과 입이 함께 웃는 모습을 만들기 위해 처음은 입술을 닫고 미소 띤 얼굴을 연출한다. 다음 윗니가 4개 정도 보이도록 입을 벌리고, 눈은 미소 띤 얼굴 연출을 한다. 그 다음 윗니가 8개 정도 보이도록 입을 활짝 벌리고, 눈과 함께 미소 띤 얼굴 연출을 반복 연습한다.
- 거울을 보며 어색하지 않은 미소가 되도록 미소 띤 표정을 유지하며, 앞에 고객이 있다고 생각하고 '안녕하십니까', '감사합니다.' 등의 문장을 반복 연습한다.

아름다운 미소 만들기

CHAPTER

03 인사

❶ 인사

❷ 인사의 종류

❸ T.P.O에 따른 인사법

CHAPTER

03

IMAGE MAKING

인사

1 인사

1) 인사의 의미

인사의 한자는 '사람 인(人)'과 '일 사(事)'로 '사람으로서 해야 할 일'이라는 뜻을 내포하고 있다.

인사는 예의범절의 기본이자 상대에게 마음을 열어주는 구체적인 행동의 표현이다. 또한 인사는 오늘날 현대 사회에서 상대방에게 마음속으로 우러나오는 관심과 존경을 나타내는 적극적인 방법으로 인간관계를 시작하고 원활하게

하는 중요한 수단이기도 하다. 상대방에 대한 인사는 상대방의 인격을 존중하고 배려와 경의를 표현하는 행위이자 자신의 인격과 교양을 드러내는 가장 기본적인 활동의 표현이다. 그러므로 인사할 때에는 친절하게 웃는 얼굴로, 다정하게 호칭하며, 지나치지 않은 범위에서 상대방의 눈빛을 바라보며 해야 한다.

가. 인간관계의 시작

- 인사는 사회생활에서 가장 기본이 되는 예절로서, 복잡한 인관관계를 원활하게 하기 위한 일정한 형식이다. 상대방에게 인사를 잘하고 첫인상에서 좋은 이미지를 얻으면 상대방의 마음을 사로잡을 수 있고, 상대의 마음을 쉽게 열 수 있게 된다. 또한 앞으로의 관계에서 다소 실수가 있더라도 쉽게 용납될 수도 있고 다음 단계의 응대가 매끄러워질 수도 있다.

나. 존경과 친근감의 표시

- 인사는 마음을 표현하는 가장 훌륭한 방법이며, 상대를 인정하고 존중하며 친근감을 표시하는 좋은 방법이다. 누구나 정중한 인사를 받으면 인정받았다는 느낌이 들어 기분이 좋아지며 자연스레 마음을 열게 된다. 따라서 인사할 때의 태도는 반가운 미음으로 정중하고 바르게 해야 한다. 그렇지 않으면 오히려 상대방에게 불쾌감을 줄 수 있으며 이는 인간관계의 단절로 이어지기도 한다.

다. 자신을 알리는 적극적인 방법

- 인사는 가장 쉬우면서도 가장 강한 자기 PR이다. 자신의 존재를 상대방에게 알림으로써 앞으로 자신의 능력을 긍정적으로 발휘할 수 있음을 표현하기도 한다. 두 사람의 신입사원이 있다. 한 사람은 일을 잘하고 상당히 똑똑하지만 상사나 선배를 보면 어색해서 고개를 떨구거나 그냥 지나친다. 반면 일은 다른 사람과 별 차이 없이 보통 수준이지만, 항상 표정이 밝고 회사 사람들을 볼 때마다 웃으면서 먼저 인사를 한다. 과연 누구와 더 일을 같이하고 싶은가?

불쾌감을 주는 인사	호감을 주는 인사
• 망설이다가 하는 인사	• 내가 먼저 하는 인사
• 건성으로 하는 인사	• 마음을 담은 인사
• 억지로 하는 인사	• 반갑게 하는 인사
• 눈을 마주치지 않는 인사	• 눈을 맞추는 인사
• 고개만 까딱하는 인사	• 바른 자세로 하는 인사
• 무표정으로 하는 인사	• 밝은 표정으로 하는 인사

인사는 이렇게 여러 가지 의미를 담고 있지만 마음을 담지 않은 인사는 아무런 의미가 없다. 상대에 대한 반가움과 존경심을 담아 예의를 갖추어 인사한다면 사회생활하는 데 있어 좋은 시발점이 될 수 있다. 인사는 또한 습관이므로 바빠서 못 하고, 부끄러워서 인사할 시기를 놓치지 않도록 평상시에도 인사하는 습관을 가지도록 하자.

2) 인사의 기본자세

가. 공수의 의미

- 공수(拱手)는 공손한 자세를 의미하고, 어른을 모시거나 행사에 참석하여 취하는 겸손한 자세를 의미한다. 또한 두 손을 마주 잡아 공경의 뜻을 담아 취하는 예의바른 자세로서 상대방에 대해 겸손하게 자신을 낮추는 자세를 의미한다.

나. 공수방법

- 손을 포갤 때는 두 손의 손가락을 가지런히 붙여서 편 다음 앞으로 모아 포갠다.
- 엄지손가락은 엇갈려 깍지를 끼고, 나머지 네 손가락은 포갠다.
- 아래에 있는 네 손가락은 가지런히 펴고, 위에 있는 네 손가락은 아래에 있는 손의 새끼손가락 쪽을 지그시 쥐어도 된다.
- 손을 포갤 때는 경사일 경우와 흉사일 경우가 다르다. 경사일 경우 남자는 왼손이 위로 가게 포개고, 여자는 오른손이 위로 가게 포개어 잡는다. 단 한번, 공수법이 바뀌는 상 · 장례의 경우 남자는 오른손이 위로 가게 포개고, 여자는 왼손이 위로 가게 포개어 잡는다. 상주는 물론 조상이나 문상하는 사람들 모두 평상시 공수법과 반대로 손을 포개어 잡는다.

다. 기본자세

표정	• 평소 얼굴근육 운동을 통해 자연스러운 미소 만들기 연습을 한다. • 밝고 부드러운 미소를 짓는다.
시선	• 시선은 인사의 중요한 포인트라고 할 수 있다. • 눈 맞춤이 없는 인사는 무성의하고 형식적으로 느껴질 수 있으므로 인사 전후에 상대방의 눈을 부드럽게 바라본다.
고개	• 고개는 반듯하게 한다.
턱	• 턱은 내밀지 말고 자연스럽게 당긴다.
어깨	• 자연스럽게 어깨의 힘을 빼고 균형을 유지한다.
등, 허리, 무릎	• 머리에서 허리까지 일직선이 되도록 곧게 편다. • 무릎은 벌어지지 않게 붙인다.
손	• 손의 위치는 여성은 배꼽 바로 아래에 공수자세(오른손이 위로)를 취한다. • 남성은 가볍게 주먹을 쥔 채로 바지 재봉선에 자연스럽게 붙여 차렷 자세로 인사를 하기도 한다.
발	• 여성은 발뒤꿈치를 붙이고, 앞쪽은 15도 정도 벌려 모은다. • 남성은 발뒤꿈치를 붙이고, 앞쪽은 30도 정도 벌려 모은다.
인사말	• 인사를 할 때는 때와 상황, 상대에 따라 적절한 내용의 인사말을 함께 하는 것이 중요하다.

3) 인사의 5가지 핵심 포인트

- **시선** – 인사는 상대방의 눈을 보며 하는 것이 중요하다.
- **표정** – 인사는 진심을 다해 마음에서 우러나온다는 것을 표현해야 하기에 얼굴에 미소를 지으며 해야 한다.
- **인사말**– 인사를 할 때에는 밝고 친근감 있는 목소리로 인사말을 해야 한다.

- **동작** – 인사 동작을 할 경우에는 가볍게 목만 숙인다거나 흐트러진 상태에서 하는 것이 아니라 절도 있고 확실하게 해야 한다.
- **자세** – 인사 자세를 할 경우에는 상황에 맞는 인사법으로 자세를 바르게 하고 마음을 담아 인사를 해야 한다.

4) 인사의 방법

인사하기의 기본동작은 허리를 숙이는 동작, 멈추는 동작, 일어나는 동작으로 구분한다. 특히 멈추는 동작은 인사의 맵시와 절도를 나타내는 동작이므로 중요하다. 인사를 시작할 때와 끝낼 때 스마일과 함께 눈 맞춤을 반드시 해야 하고, 상체를 숙일 때는 보통 머리만 숙이는 경우가 있는데 허리를 숙이며 머리와 등이 일직선이 되도록 한다. 허리를 펼 때에는 허리를 숙일 때보다 천천히 일어나서 정중한 느낌을 전달할 수 있게 한다.

인사의 5단계

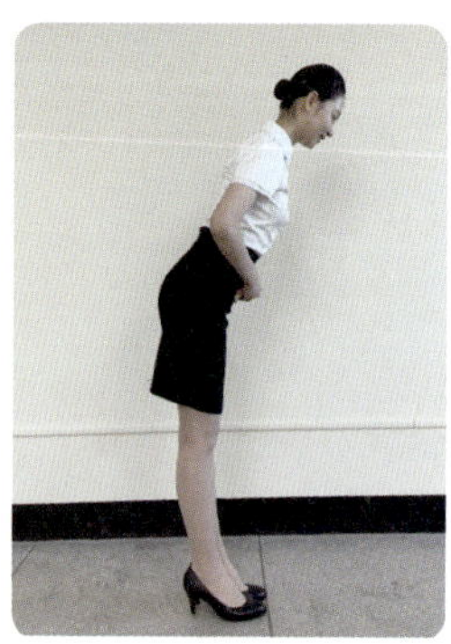

- **1단계 :** 바른 자세로 서서 Eye contact & Smile을 유지한다.
- **2단계 :** 상대방과 시선을 맞추고 미소를 지으며 인사말과 함께 상체를 굽힌다. 이때 머리, 등, 허리선이 일직선이 되게 하고, 턱은 자연스럽게 몸 쪽으로 당긴다.
- **3단계 :** 머리, 등, 허리선이 일직선이 되도록 숙인 상태에서 잠시 멈춘다. 이때 시선은 상대의 발끝이나 자신의 발끝에서 1~1.5m 정도 앞에 고정한다.
- **4단계 :** 상체를 들 때는 내려갈 때보다 2초 정도 늦게 천천히 올라온다.
- **5단계 :** 상체를 들어올린 후 똑바로 서서 상대방과 눈을 마주치며 미소를 짓는다.

2 인사의 종류

인사는 대상이나 상황에 따라 각각 다른 형식으로 예의를 표하게 된다. 인사의 종류는 허리를 숙이는 정도에 따라 다를 수 있으며, 상대에 대한 공경의 마음을 많이 표할수록 허리를 깊게 숙이게 된다.

가. 약례

상체를 숙이지 않고 가볍게 머리만 숙여서 하는 인사이다.

- 낯선 사람과 만난 경우
- 양손에 짐을 든 경우
- 통화 중인 경우

나. 목례

미소 짓는 표정으로 시선은 상대방의 얼굴을 향하며, 상체를 15도 정도로 숙여 가볍게 하는 인사이다.

- 가까운 동료나 아랫사람에 대한 답례
- 동료나 친한 사람, 아랫사람을 만났을 때
- 엘리베이터나 화장실, 복도 등 좁은 장소에서 제대로 인사할 수 없는 경우
- 하루에 두 번 이상 만났을 경우
- 친절에 대한 가벼운 감사의 뜻
- 화장실, 목욕탕 등 여러 사람이 이용하는 장소에서 만났을 때

목례

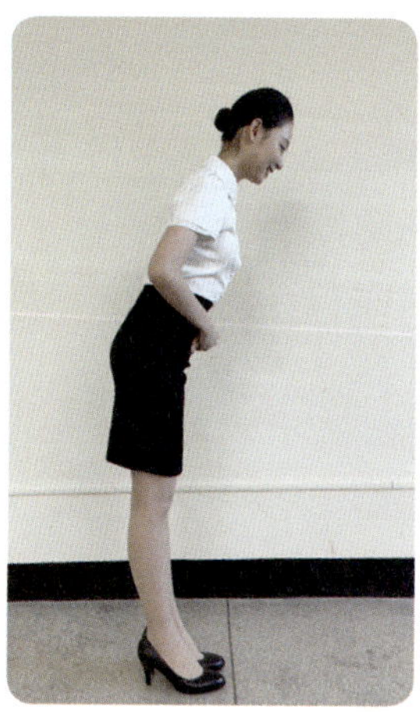

〈여성〉

〈남성〉

다. 보통례(평상례, 보통인사)

가장 자연스럽게 보이는 일반적인 인사의 각도로서 일상생활에서 가장 많이 하는 인사법이다. "안녕하십니까?", "안녕히 가십시오." 등의 인사말을 사용할 수 있으며, 선 자세에서 상체를 30도 정도 숙여서 인사한다.

- 고객을 맞이하거나 배웅하는 경우
- 일상생활에서 어른이나 상사에게 인사하는 경우
- 상사에게 보고하거나 지시를 받는 경우
- 가장 일반적이고 자연스러움

보통례

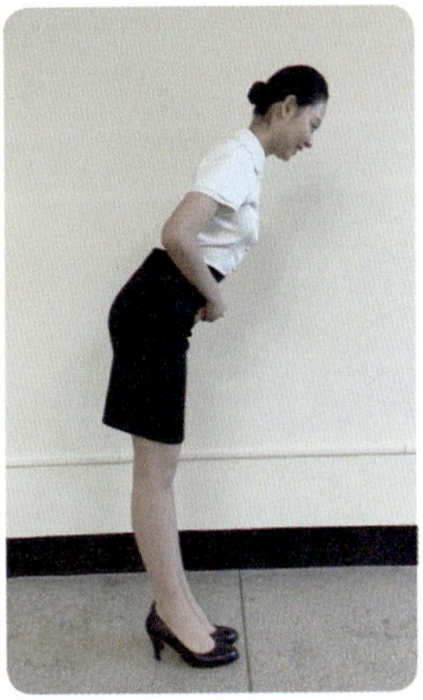

〈여성〉

〈남성〉

라. 정중례

가장 정중한 인사로 정중히 사과하거나 감사의 마음을 전할 때 하는 인사법으로 "감사합니다.", "죄송합니다." 등의 인사말을 사용할 수 있으며, 상체를 45도 정도 숙여 인사한다.

- 감사, 사죄의 표현을 해야 할 경우
- 국빈, 국가원수 등 예의를 갖추어야 하는 경우
- 각종 행사, 예식인 경우
- VIP고객을 배웅하는 경우
- 면접 등 공식적인 자리인 경우

정중례

〈여성〉 〈남성〉

3 T.P.O(Time, Place, Occasion)에 따른 인사법

인사는 인간관계에서 있어서 꼭 필요한 예의이기는 하지만 상황에 맞지 않거나 잘못된 인사는 하지 않는 것만 못하다. 따라서 시간과 장소, 상황에 따라 인사해야 하며 바른 자세, 경쾌한 목소리, 밝은 표정으로 상황에 맞는 적절한 인사를 하도록 하자.

1) 복도에서

가. 상대방과 시선을 맞추고 밝은 미소를 띠며 간단한 인사말을 건넨다.
나. 좁은 복도에서 마주쳤을 경우에는 똑바로 걷는 것보단 사선 걸음으로 상대방의 공간을 배려해 주는 것이 좋다.
다. 복도 끝이나 모퉁이에서 만났을 때는 상대방이 놀라지 않도록 한 걸음 물러서서 인사한다.
라. 상사가 멀리서 걸어오면 먼저 목례를 한 후 가까워지면 보통례로 인사를 하고, 상사가 지나간 후에 움직이는 것이 공손해 보인다.

2) 출퇴근 시

가. 아침에는 활기찬 표정과 태도로 명랑한 인사를 나누고 윗사람이 들어서면 일어서서 인사를 한다.
나. 퇴근 시에는 서로 수고의 위로로 먼저 인사를 하고, “수고하셨습니다.”, “고생하셨습니다.”와 같은 인사말을 건넨다. 먼저 퇴근할 때에도 “먼저 가보겠습니다.”, “도와드릴 일이 있습니까?”라고 인사하며 예의를 지키도록 한다.
다. 지각했을 경우에는 반드시 “늦어서 죄송합니다.”라는 사과의 인사를 한다.

3) 협소한 공간

가. 엘리베이터와 같은 협소한 공간에서는 목례로 타인에게 불쾌감을 주지 않을 정도의 목소리 톤으로 인사말을 건넨다.

나. 공중목욕탕이나 화장실 같은 개인적인 장소에서 눈이 마주쳤을 때는 간단한 목례나 눈인사 정도를 하거나 그렇지 않은 경우 생략해도 무방하다.

다. 식당에서 식사 중인 상사에게 정중히 인사하는 것은 상대방을 불편하게 할 수 있기 때문에 가볍게 인사말만 전하는 정도가 좋다.

4) 멀리 있을 때

가. 먼 곳에서 서로 마주보고 오는 경우 눈이 마주치면 좀 빠르게 걷거나 뛰어가서 가까운 위치에서 허리를 숙여 인사한다.

나. 눈이 마주치지 않는 경우 천천히 걸어가서 근처에 다다랐을 때 상대방이 놀라지 않도록 약간 대각선 위치에서 조심스레 인사를 한다.

다. 멀리서 서로 눈이 마주치고 바로 뛰어가기 어려운 경우에는 밝은 표정으로 목례하고 나중에 가까이 가서 인사한다.

5) 앉아 있을 때

가. 상사가 앉아 있을 경우 책상 앞까지 다가가서 보통례로 인사한다.

나. 동료라면 가볍게 목례를 한다.

다. 업무에 몰두한 상황에서는 일부러 인사하지 않아도 무방하며, 여유 있는 상황에서 인사하면 된다.

6) 인사를 생략해도 되는 경우

가. 신경을 집중해서 작업하고 있는 경우

나. 상사에게 결재 중이거나 주의를 받고 있는 경우

다. 회의 중이거나 교육 중일 경우

라. 중요한 상담 중이어서 방해하면 안 되는 경우

마. 복잡한 계산을 하고 있는 경우

CHAPTER

04

자세

CHAPTER

04

IMAGE MAKING

자세

표정으로 상대방의 마음을 알 수 있고, 자세로 그 사람의 인격과 인품을 알 수 있다. 사람들은 대부분 마음가짐이 우리의 태도나 표정을 만든다고 하지만 진정한 프로들은 바른 자세가 그 사람의 마음가짐을 더욱 견고하고 바르게 만든다고 한다.

바른 자세는 좋은 외적 이미지 형성의 기본적인 필수 조건이며 언어의 의미를 더해주는 보조적 역할을 하기도 한다. 대화의 내용에 따라 적절한 자세를 취하는 것은 상대에 대한 예의로 받아들여지기도 하며 상대를 평가하는 기준이 되기도 한다. 또한 다른 사람들에게 기품있고 안정된 분위기를 줄 수 있으며, 자세의 좋고 나쁨에 따라 상대방에게 직접 호감을 줄 수도 있고 불쾌감을 줄 수도 있다.

1 자세

1) 서 있는 자세

선 자세는 모든 자세의 기본이 되므로 서 있는 자세가 바르지 않으면 그와 연관된 다른 자세 또한 바르게 될 수 없다. 선 자세에서 중요한 것은 양쪽 다리에 체중을 균등하게 실어 몸의 중심이 어느 한쪽으로 쏠려 기울어지는 일이 없도록 하는 것이다. 이는 대기자세에서도 마찬가지로 항상 자연스럽고 안정된 자세를 유지하는 것이 중요하다.

- 등과 가슴을 곧게 펴고 가슴을 자연스럽게 내민 후 등이나 어깨에 힘을 뺀다.
- 아랫배에 힘을 주어 당기고 양 무릎은 붙이도록 한다.
- 시선은 상대방의 얼굴을 바라보고, 턱을 살짝 당기며 밝은 표정을 유지한다.
- 여성의 경우 공수자세를 유지한다.

- 남성의 경우 공수자세도 가능하나 팔을 자연스럽게 내리고 양손을 가볍게 쥐어 바지 재봉선에 붙이는 차렷 자세를 유지한다.
- 발뒤꿈치는 붙이고 발끝은 11자 또는 V형으로 한다.
- 몸 전체의 무게 중심을 뒤꿈치가 아닌 발바닥 전체에 두어 안정감 있게 선다.
- 오래 서 있어야 할 경우 여성은 한쪽 발을 끌어당겨 뒤꿈치가 다른 발의 중앙에 닿게 하여 균형을 잡고 서고, 남성의 경우 양발을 허리 넓이만큼 벌려 서는 것이 안정감을 줄 수 있다 .

2) 걷는 자세

현대 사회인에게 필요한 걸음걸이는 활달하고 당당한 걸음걸이이다. 건강에도 연결되는 걷기는 가장 많이 반복되는 신체활동이다. 올바른 걸음걸이는 통증을 예방하고 치료할 뿐만 아니라 신체의 모든 근육을 강화시켜 탄력적이고 매력적인 몸매를 가꾸는 데 도움이 된다. 바른 걸음걸이는 신발이 닳은 모습만 봐도 알 수 있다. 뒤쪽 바깥 면과 앞쪽 안면이 골고루 닳았다면 체중이 올바르게 분산된 상태로 걷고 있는 것이다.

- 상체를 곧게 유지하고 발끝은 평행이 되게 하며 무릎을 스치듯이 11자로 걷는다.
- 시선은 정면을 향하고 턱은 가볍게 당기며, 배는 안으로 당기고 어깨나 엉덩이가 흔들리지 않도록 주의한다.
- 복근에 가볍게 힘을 넣고, 다리를 허리부터 내딛듯이 앞으로 나간다. 이때 몸의 중심을 허리에 둔다.
- 손은 손바닥이 안으로 향하도록 하고 팔을 자연스럽게 흔들며, 양손

끝이 옆 재봉선을 스치도록 하여 걷는다.

- 보폭은 자신의 어깨넓이만큼 걷는 것이 보통이나 굽이 높은 구두를 신었거나 타이트한 스커트를 착용했을 때는 보폭을 줄인다.
- 걸음의 속도는 활기차고 자신감 있게 보이기 위해 천천히 걷는 것보다는 경쾌한 리듬을 가지고 걷는 것이 좋다.
- 걸을 때도 미소를 짓는다.
- 팔짱을 끼거나 뒷짐을 지거나 주머니에 손을 넣고 걷지 않는다.

3) 앉은 자세

앉는 자세는 의식하지 않거나 긴장하지 않으면 털썩 주저앉거나 자세가 흐트러진 상태로 일어서기 쉽다. 특히 면접장이나 공공장소, 지하철 등의 대중교통에서 각양각색으로 앉아 있는 모습을 보면 인상을 찌푸리게 되는 경우도 종종 있다. 앉은 모습으로 그 사람의 교양 정도를 가늠한다고 할 정도로 바르게 앉고 일어서는 행동은 본인의 이미지 형성에 중요한 부분을 차지한다.

가. 남성

- 의자의 반보 앞에 바르게 선 자세에서 한 발을 뒤로 하여 의자 깊숙이 앉고, 등받이와 등 사이에 주먹이 하나 들어갈 정도의 간격을 둔다.
- 발은 허리만큼 약간 벌리고 이때, 너무 좁게 벌리거나 너무 넓게 벌리지 않도록 주의한다.
- 턱은 당기고 시선은 정면을 향하게 하고 미소를 짓는다.

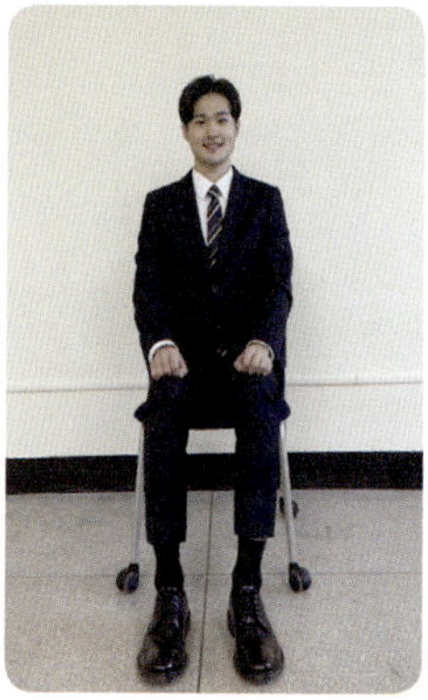

- 양손은 가볍게 주먹을 쥐어 양 무릎 위에 올려놓는다.
- 일어날 때는 양발에 동시에 힘을 주어 균형감 있게 한 번에 일어난다.

나. 여성

- 의자에 앉는 경우는 의자의 균형을 잘 유지하며 허리를 곧게 펴고 앉는다.
- 발은 무릎을 붙인 상태에서 가지런히 당겨 의자 쪽으로 붙이고, 등과 등받이 사이는 주먹이 하나 들어갈 정도로 간격을 두고 앉는다.
- 어깨를 펴고 미소와 함께 시선은 정면을 응시하고, 양손은 무릎 위에 나란히 올려놓는다.
- 몸 전체의 힘을 빼고 편안한 자세로 앉는다.
- 일어날 때는 한 발을 뒤로 살짝 뺀 후 무릎의 힘으로 한 번에 일어난다.

앉은 자세

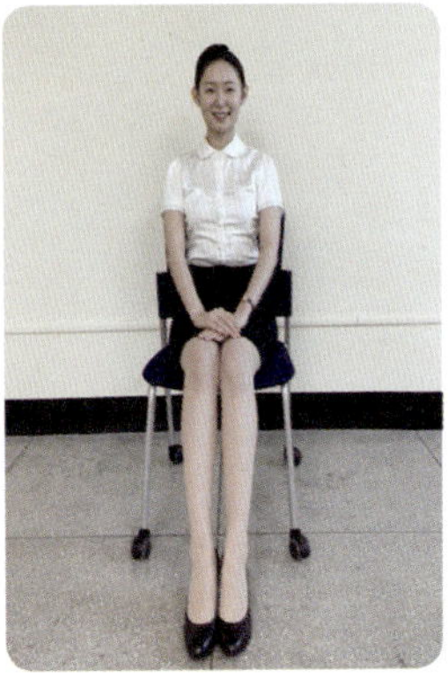

〈정면〉

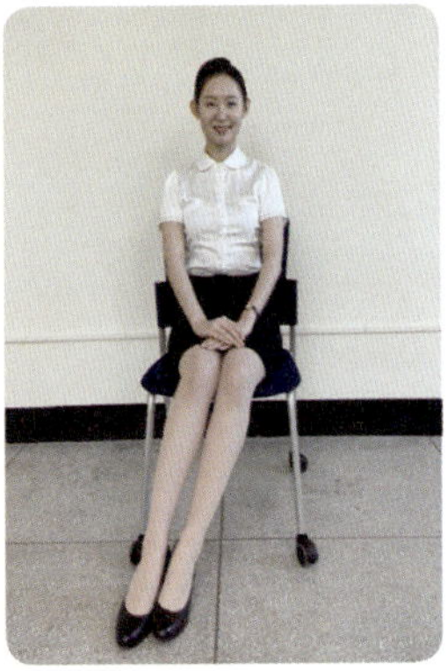

〈사선〉

2 안내자세

1) 방향안내

① 방향을 가리킬 때는 손가락을 가지런히 모아 손바닥이 위로 향하지 않도록 하고 손가락이 아니라 손 전체로 방향을 가리킨다.

② 가까운 거리를 안내할 때는 팔꿈치를 구부리고, 먼 거리를 안내할 때는 팔을 펴서 안내한다.(팔꿈치의 각도로 거리를 나타냄)

③ 오른쪽을 안내할 때는 오른손을, 왼쪽을 안내할 때는 왼손을 사용한다.

④ 방향을 안내할 경우 상대방의 눈을 보고, 가리킬 곳으로 시선과 손 방향을 안내한 다음, 다시 상대방의 눈을 보고 정확하게 이해했는지 여부를 확인하는 '시선 삼점법'을 사용한다.

⑤ 상대방을 보지 않은 상태에서 손으로만 안내하거나 손가락, 턱, 고갯짓으로만 가리키는 행동은 무례한 행동이므로 주의한다.

⑥ 고객을 직접 안내할 경우 고객의 바로 앞에 서서 이동하기보다는 대각선 방향으로 2~3걸음 앞에서 고객과 보조를 맞춰가면서 이동한다.

시선 삼점법

2) 복도에서 안내법

① 안내할 장소를 말해준다.

② 고객보다 2~3보 정도 앞에서 걸어가며 안내한다.

- 상사 수행 시에는 2보 뒤에서 따라간다.
- 고객의 보행 속도에 맞추어 걷는다.
- 가끔씩 뒤돌아보며 고객을 확인한다.

③ 방향을 바꿔야 할 때는 구두로 미리 안내한 후 손으로 방향을 알려준다. 이때 손가락 사이가 벌어지지 않도록 주의한다.

3) 엘리베이터에서의 안내법

① 엘리베이터를 탈 때에는 버튼을 조작하기 위해 손님보다 먼저 타고, 버튼을 잘 누른 상태에서 안전하게 손님의 탑승을 돕는다.

② 엘리베이터에서 내릴 때는 손님에게 "도착했습니다."라고 구두로 안내한 후에 열림 버튼을 누르고 방문객을 먼저 내리게 한 뒤 안내자가 재빨리 내려 안내한다.

③ 엘리베이터에서 가장 좋은 위치는 입구를 앞쪽으로 했을 시 왼쪽 안쪽이며, 안내자는 작동 버튼 쪽에서 서서 안내한다.

4) 계단에서의 안내법

① 고객에게 층수를 미리 말해준다.
② 고객이 계단의 안쪽, 즉 손잡이 쪽에서 걷도록 배려한다.
③ 올라갈 때에는 남성 고객이 먼저 오르나 여성 고객일 때는 안내자가 먼저 올라간다.
④ 내려갈 때는 안내자가 먼저 내려가나 여성 고객일 때에는 고객이 먼저 내려가게 한다.

5) 입구 문 안내법

① 앞으로 당기는 문은 손잡이를 잡아당겨 고객이 먼저 들어간 후 조용히 문을 닫는다.
② 밀고 들어가는 문은 안내자가 먼저 들어간 다음 손잡이를 잡고 고객이 들어오도록 한다.
③ 회전문일 경우 수동문이면 고객에게 양해를 구하고 먼저 들어가 문을 밀어들이고, 자동문이면 고객이 먼저 들어가도록 하고 안내자가 뒤따른다.
④ 미닫이문은 문을 열고 손님이 들어가게 한 후 문을 닫는다.

6) 물건 수수 시

① 밝게 웃으며 호칭을 부르고 건네야 할 물건을 말한다.
② 물건 수수에 있어 물건 전달이 가장 중요하지만, 전달자의 태도 또한 함께 전해지는 것이므로 공손한 자세로 건네고 받도록 한다.

③ 상체를 약간 숙이고 가슴과 허리선 사이에서 두 손으로 물건을 건넨다.

④ 받는 입장을 고려하여 보기 쉽게, 받기 쉽게, 사용하기 쉽게 바른 방향으로 건넨다.

- 볼펜과 같은 가늘고 뾰족한 물건을 전할 때는 볼펜의 가늘고 뾰족한 부분이 상대의 몸 쪽을 향하지 않도록 건네준다.

⑤ 양손으로 건네는 것이 좋으나 물건이 작을 경우 한 손으로 받고, 다른 한 손은 받는 손을 받쳐서 공손함을 표현한다.

⑥ 전달한 이후에는 가볍게 목례를 한다.

CHAPTER

05

메이크업 이미지

❶ 메이크업의 이해

❷ 기초 메이크업

❸ 베이스 메이크업

❹ 색조 메이크업

CHAPTER

05

IMAGE MAKING

메이크업 이미지

1 메이크업의 이해

1) 메이크업

메이크업은 사전적 의미로는 '보완하다', '완성시키다'라는 뜻이다. 일반적 의미는 화장품이나 도구를 사용하여 신체의 장점을 더욱 부각하고, 단점은 수정 및 보완하는 미적 행위를 말한다.

인간은 태어나면서부터 아름다워지고자 하는 미적 본능을 가지고 있으며 이를 표현하는 것이 메이크업이다. 메이크업은 아름다움을 표현하는 한 방법으로 그 시대의 문화를 반영하면서 발전하고 있으며 인간의 신체를 바탕으로 표현하고 있다.

이러한 메이크업은 단순히 얼굴에 칠하고 그려 넣는 작업만을 의미하는 것이 아니라 내적인 면을 외적으로 표현함으로써 내적인 정신세계까지 영향을 주기도 하고, 타고난 얼굴의 단점을 커버하고 장점을 돋보이게 하여 내적 정신세계와 외적 감각을 종합적으로 표현할 수 있다.

따라서 과도하거나 서투른 메이크업은 오히려 불쾌감을 줄 수 있어 자연스럽고 단정하게 연출해야 하며, 밝고 건강해 보이며 복장과 어울리는 메이크업이 되도록 한다.

2) 메이크업의 목적

메이크업은 아름다워지고 싶은 인간의 미적 욕구를 충족시켜 주고, 유해한 환경으로부터 피부를 보호한다. 뿐만 아니라 심리적인 만족감과 자신감을 향상시키기 때문에 사회생활을 할 때 도움이 된다.

이렇듯 메이크업은 단순한 아름다움을 추구하는 목적뿐만 아니라 감성에 작용하는 심리와 사회적인 효과를 줌으로써 그 중요성이 커지고 있으며, 최근에는 상대방에 대한 기본적인 예의라는 사회적 인식이 형성되고 있어 사회생활을 하는 여성에겐 필수가 되고 있다.

3) 메이크업 화장품의 정의

메이크업 화장품은 용모를 아름답게 변화시켜 피부를 아름답게 보이게 할 목적으로 사용되는 화장품으로 기초 화장품 사용 후 피부에 색채감을 부여하고, 기초 화장품으로 커버할 수 없는 피부의 결점을 보완하여 건강하고 매력적인 상태로 보일 수 있게 한다.

이외에도 메이크업 화장품은 미화의 기능, 사회적 기능, 심리적 기능 등 다양한 기능을 한다. 미화의 기능은 외형의 아름다움을 추구하고 사회적 기능은 사회에서 갖는 지위, 직업, 신분을 표시하고 사회적 관습을 나타낸다. 심리적 기능은 자신의 사고방식이나 가치추구를 나타내며 인물의 성격이 메이크업에 나타나기도 한다. 또한 메이크업은 이런 기능뿐 아니라 외부의 먼지, 자외선, 대기오염, 온도의 변화로부터 우리의 피부를 보호하는 역할을 하고, 결점을 감추어주는 역할을 하기도 한다.

2 기초 메이크업

1) 스킨 타입

요즘 신세대들에게 어떤 여성이 가장 이상적이냐는 질문에 "피부가 예쁜 여자"라는 답을 많이 들을 수 있다. 그것은 예전에 비해 메이크업에 의한 인위적인 피부연출보다 자연스러운 아름다움이 각광받고 있기 때문이다. 이러한 유행 경향으로 자연스럽고 지속성 있는 메이크업을 하려면 유분과 수분의 밸런스가 잡힌 맑고 투명한 피부가 기초가 되어야 한다.

사람마다 생김새가 다르듯 피부는 개인의 건강이나 생리적 상태, 계절, 그리고 주변 환경 등의 상황에 따라 조금씩 영향을 받는다. 따라서 메이크업을 하기 전에는 먼저 자신의 스킨 타입을 정확히 파악하고 알아두는 것이 필요하다.

피부타입을 파악하기 위한 방법은 저녁 세안 후 아무것도 바르지 않은 맨얼굴 상태에서 체크해야 하는데, 약 15~20분 동안 쉽게 얼굴이 당기면 건성 타입, 피지의 분비가 많아 얼굴 전체가 번들거리면 지성 타입, 얼굴의 당김이 없는 경우는 중성타입이라고 한다. 또한 지성과 건성이 같이 나타난다면 복합성, 그리고 예민한 피부의 경우는 민감성이라고 한다.

가. 건성피부

특징	• 피부 표면이 거칠고 건조하며 화장이 잘 받지 않는다. 입가나 눈가에 잔주름이 쉽게 생기며 세안 후 푸석푸석한 느낌이 들고 피부가 당긴다.
관리 방법	• 평상시 기초 손질 충실, 수분과 유분의 적절한 공급, 충분한 수면과 비타민 A, E 크림을 사용하고, 보습효과가 좋은 에센스를 사용하고 피부 신진대사 촉진을 위해 마사지를 매일 한다. 무스타입에 거품이 풍성한 클렌징 폼을 사용함으로써 부드럽게 더러움을 제거한다. 눈가나 입가에 주름이 잡히기 쉬우므로 아이크림과 에센스는 수시로 바른다.
식이 요법	• 피지분비를 촉진시키기 위해 적당량의 지방식품을 섭취해 주며, 신진대사 촉진을 위해 비타민 A식품과 1.5L 정도의 생수를 섭취하여 보습에 신경 쓴다.

나. 지성피부

특징	• 피지 분비량이 많아 번들거리며 끈적임이 있고 모공이 크다. 화장이 잘 지워지며 여드름이 생기기 쉽다.
관리 방법	• 피부가 청결하도록 세안을 철저히 하며, 수면 부족이나 스트레스로 피지분비가 촉진되기도 하므로 규칙적인 생활을 한다. 특히 아침 세안에 주의해야 하는데 밤 동안의 왕성한 신진대사로 피부 위에 피지나 노폐물이 가득차기에 아침 세안을 더욱 철저히 해야 한다. 수렴효과가 좋은 화장수로 거칠어진 피부결을 정리해 주며, 클렌징 효과가 큰 팩으로 피부의 더러움을 제거해 준다.

식이 요법	• 피지분비를 촉진시키기 위해 적당량의 지방식품을 섭취해 주며, 신진대사 촉진을 위해 비타민 A식품과 1.5L 정도의 생수를 섭취하여 보습에 신경 쓴다.

다. 중성피부

특징	• 땀과 피지의 분비가 정상적으로 이루어지며 여드름이 생기지 않고, 피부의 혈액순환이 잘 이루어지므로 피부색이 엷고 분홍빛을 띤다. 적당한 수분을 함유하고 있어 부드럽고 촉촉하며 탄력이 있고, 모공이 크지 않다.
관리 방법	• 계절, 자외선, 생활습관, 건강에 따라서 피부상태가 변할 수 있으므로, 정상적인 피부상태를 유지할 수 있도록 세심한 손질을 해주어야 한다. 겨울철에는 수분과 피지의 부족으로 건성피부가 되기 쉬우므로 수분과 영양을 동시에 공급하는 유액과 화장수를 충분히 사용한다.
식이 요법	• 균형 있는 영양을 섭취해야 한다.

라. 민감성 피부

특징	• 외부 자극에 민감하며 심리적, 정신적인 것과도 연관성을 갖는다. 쉽게 거칠어지며 쉽게 주름을 형성하기도 한다.
관리 방법	• 클렌징은 물론 씻어내는 타입으로 선택하며, 무알코올 저자극성 무향 무색소의 민감용 타입제품을 사용한다. 스크럽, 필링제, 석고팩은 사용하지 않는다.
식이 요법	• 정신적 스트레스, 과로, 수면 부족, 불균형한 영양상태를 개선해야 한다.

3 베이스 메이크업

베이스 메이크업은 파운데이션의 퍼짐을 좋게 하고 균일하게 잘 밀착되도록 하여 파운데이션의 화장 효과를 높여준다. 색상은 무색과 청색, 녹색, 분홍색, 노란색, 연보라색 등 여러 가지가 있으며 피부색을 조절할 수 있다.

피부 화장의 효과를 높여주면서 피부 보호 역할까지 하는 베이스 메이크업은 로션 타입과 크림 타입 두 가지가 있다. 로션 타입은 사용감이 가볍고 산뜻하여 중성, 지성 피부나 여름철에 효과적이다. 크림 타입은 베이스 효과가 뛰어나며 색상이 있는 것은 피부색 컨트롤에 좋으므로 자신이 표현하고자 하는 피부색에 따라 선택하면 된다.

1) 베이스 메이크업의 종류

가. 화이트

- 화이트 베이스 메이크업은 파운데이션의 명도를 높일 때, 눈밑의 기미를 커버할 때 사용한다.

나. 그린

- 그린 컬러의 베이스 메이크업은 얼굴색이 베이지 계통이고, 빨간 기미가 있는 얼굴에 사용한다. 동양인들의 대부분이 이 피부에 속한다. 베이스 메이크업을 너무 많이 사용하지 않도록 주의한다.

다. 핑크

- 핑크 베이스 메이크업은 얼굴색의 명도를 높이는 데 효과적이고 얼굴이 흰 사람의 얼굴색을 돋보이게 하고 싶을 때 사용한다.

라. 퍼플

- 퍼플 컬러의 베이스 메이크업은 검거나 햇볕에 그을린 얼굴의 기미를 없애고 투명감을 주기 위해 사용한다. 창백하고 여성적인 메이크업을 원할 때도 효과적이다.

마. 옐로우

- 옐로우 베이스 메이크업은 빨간 기미가 있는 얼굴의 수정에 효과적이다.

바. 블루

- 블루컬러의 베이스 메이크업은 핑크색을 많이 띠는 얼굴이나 기미를 수정할 때 사용한다. 얼굴 전체에 사용하거나 경우에 따라서 커버 부분만 사용하도록 하며, 과다한 양을 사용하면 화장이 두꺼워질 수 있으니 주의한다.

2) 파운데이션

피부표현은 메이크업의 전부를 차지한다고 해도 과언이 아닐 만큼 중요하다. 특히 파운데이션은 메이크업의 기초 작업으로 자신의 본래의 피부색보다 한 톤 정도 밝은 색으로 선택하는 것이 좋으며, 색상선택은 뺨과 턱과의 경계 부분에 파운데이션을 펴 발라보고 피복력이 좋아 균일하게 잘 밀착되며, 피부에 부담감이 없는 것이 좋다.

파운데이션은 피부타입에 따라 리퀴드, 크림, 젤, 스틱 타입 등이 있으며, 손이나 브러시 또는 스펀지를 이용하여 조금씩 꼼꼼하게 발라야 깔끔하게 된다. 파운데이션을 바르는 테크닉에는 패팅(patting)기법과 슬라이딩(sliding)기법이 있는데 패팅기법은 손가락으로 두드리는 테크닉으로 두텁게 많은 양을 바를 수 있고, 슬라이딩기법은 얼굴 전체에 넓게 펴 바를 때나 색상이 진해져 엷게 하고자 할 때 사용할 수 있다.

파운데이션을 바른 후 잡티가 있는 경우에는 부분적으로 알맞은 컨실러를 붓이나 면봉을 이용하여 바르면 두껍지 않으면서도 깨끗하고 투명한 피부를 표현할 수 있다. 또한 한 톤이나 두 톤 밝은 컨실러로 콧등이나 눈 아래, 턱 등에 발라주면 하이라이트 효과를 줄 수도 있다.

가. 리퀴드 파운데이션

- 수분과 유분, 안료의 3가지 성분 중에서 수분의 함량이 많은 것을 리퀴드 파운데이션이라고 한다. 따라서 다른 것과 비교해 '물'의 성질이 많이 포함되어 있다. 자연스럽고 투명한 느낌이 있어 자신의 피부색대로 표현되며, 피부 조직이 얇은 눈 주위나 주름살 부분에 사용이 편리하다. 또한 드라이 스킨이나 얇은 화장을 좋아하는 여성들에게 좋다.

나. 크림 파운데이션

- 크림 파운데이션은 강한 커버력이 있어 피부색에 가까운 색깔을 선택해야 하며 목의 경계나 살갗과 머리칼의 경계 손질에 각별히 주의해야 한다. 강한 커버력으로 피부를 젊게 보이고 싶은 여성이나 피부에 자신이 없는 여성 등이 사용하기에 좋다.

다. 스틱 타입 파운데이션

- 크림 타입에 비해 커버력과 지속력이 뛰어나 단시간에 신속한 메이크업을 할 수 있으며, 잡티가 많은 피부에 적합하고, 휴대하기 간편한 장점이 있다. 그러나 피부에 두껍고 균일하게 표현되지 않을 수 있으므로 양을 적절히 잘 조절해서 사용해야 한다.

라. 젤 타입 파운데이션

- 젤 특유의 발림성이 있으며 피부의 막을 균일하게 해주어 깔끔한 피부 표현이 가능하고, 여름철에 청량감을 느낄 수 있게 해준다.

메이크업 파운데이션

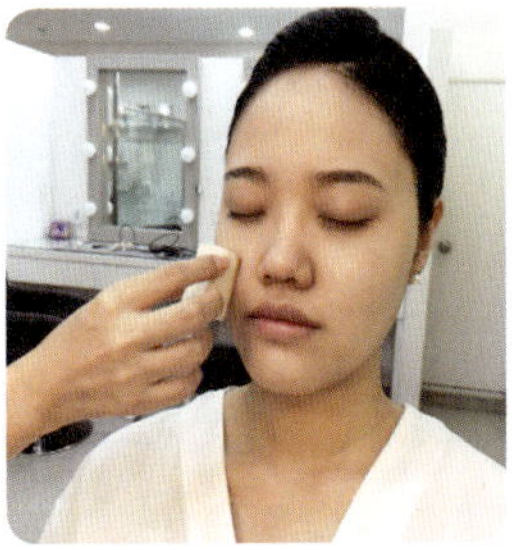

3) 파우더

파우더는 수분이나 유분을 눌러 피부에 잘 스며들도록 하고, 메이크업을 오래 유지시켜 주는 역할을 한다. 촉촉한 피부 연출을 위해 파우더를 생략하는 경우도 있는데, 지속력을 유지하기 위해서는 파우더를 사용하는 편이 좋으며, 효과적인 메이크업을 위해서는 피부 톤에 맞는 파우더를 선택하는 것이 중요하다.

파우더를 선택할 때에는 손끝으로 만져 부드럽고 보송보송하게 떨어지는 질감좋은 것을 선택하는 것이 좋으며, 손끝에서 뭉치거나 입자가 굵다는 느낌이 드는 것은 투명감이 없고 무거운 느낌을 줄 수 있으니 주의해야 한다.

- 피부 타입에 따른 파우더의 선택 요령

가. 투명 색상 파우더 : 가장 무난하며 피부의 번들거림을 막아주고 얇고 투명한 피부를 연출할 수 있다.

나. 바이올렛 색상 파우더: 펄과 함께 섞어 바르면 더 효과적이고, 조명 아래에서 사용하거나 이브닝 메이크업에 적당하다.

다. 그린 색상 파우더 : 커버력이 좋기 때문에 잡티가 있거나 붉은 기가 많은 사람에게 좋다.

라. 베이지 색상 파우더: 가장 많이 사용하는 색상으로 전체적으로 차분하고 자연스러운 피부를 연출할 수 있다.

마. 화이트 색상 파우더: 다크 써클을 커버하거나 하이라이트를 주고 싶을 때 적당하다.

바. 핑크 색상 파우더: 노란 조명을 받으면 더욱 효과적인 색상으로 신부메이크업과 창백한 얼굴에 생기를 주어 건강하고 화사한 피부를 표현할 수 있다.

- 파우더의 종류

가. 루즈 파우더: 피부의 마무리 단계에서 사용하며 핑크색, 보라색, 흰색을 혼합하여 피부색에 맞추는 것이 좋다.

나. 프레스드 파우더: 흔히 프레스드 파우더는 콤팩트라 부르며, 분을 딱딱하게 굳힌 것으로 사용 및 휴대하기 간편하다.

다. 펄 파우더: 펄 파우더는 기존 파우더에 펄을 혼합하여 입체감을 주거나, 단독으로 볼륨감 또는 하이라이트를 줄 때 사용한다. 화장의 마무리 단계에서 다른 화장품의 표현을 화사하게 극대화하는 효과가 있다.

- 파우더 사용법

가. 어두운 피부색이나 베이스 컬러와의 경계를 자연스럽게 발라야 한다.

나. 퍼프를 이용할 때에는 파우더가 퍼프에 잘 묻도록 잘 문지른 후 퍼프를 털거나 손등에 발라본 후 얼굴에 바른다. 얼굴에 남은 여분의 파우더는 페이스 브러시로 쓰다듬어 턴다.

다. 브러시를 이용할 경우는 모가 촘촘하고 부드러운 것을 사용한다. 파우더를 브러시의 끝에 살짝 묻힌 후 브러시를 손등이나 퍼프 등에 살짝 털어내 파우더가 브러시에 골고루 묻히게 한다. 그 후 브러시를 이마와 콧등에 이르는 T존에 가볍게 쓸어내리듯 발라 유분감을 잡아주고 남은 잔여 파우더로 눈가와 얼굴 윤곽선을 따라 살짝 쓸어내리듯 발라 정리한다.

메이크업 파우더

4 색조 메이크업

1) 아이 브로우(Eyebrow)

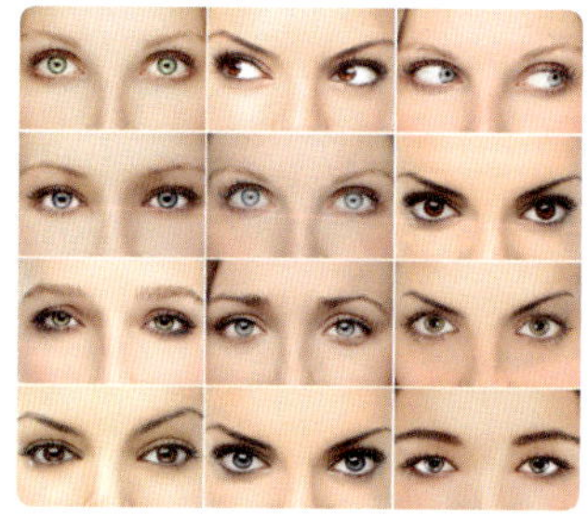

눈썹은 얼굴 전체의 이미지를 크게 좌우하므로, 자신의 얼굴형과 모발 색에 어울리는 자연스러운 눈썹을 그리는 것이 중요하다. 눈썹을 그릴 때에는 머리색과 동일한 색상의 펜슬로 진하지 않게 한 올 한 올 심듯이 자연스럽게 형태를 그리도록 한다.

가. 눈썹 그리기

- 눈썹을 그릴 때는 눈썹산부터 그리고 눈앞머리에서 눈썹산 쪽으로 이어 그려준다. 눈썹길이는 눈앞머리에서 시작해서 콧망울과 눈꼬리를 잇는 연장선상에 둔다. 그러나 눈썹의 길이와 두께는 유행과 계절에 민감하므로 유의하여 선택한다.

나. 눈썹 머리의 위치

- 눈앞머리와 콧망울이 세로로 일직선이 되는 지점에서 눈앞머리보다 약간 앞쪽으로 오게 한다.

다. 눈썹 꼬리의 위치

- 눈앞머리에서 시작해서 콧망울과 눈꼬리를 잇는 연장선상에 45도 각도를 이루는 지점에 둔다. 눈썹 앞머리의 위치보다 내려가지 않도록 주의한다.

라. 눈썹산의 위치

- 눈썹산은 눈썹의 가장 높은 부위로, 눈의 검은 동자의 바깥쪽을 직선으로 올렸을 때 눈길이의 3분의 2지점, 즉 검은 눈동자가 끝나는 지점이다.

마. 눈썹 손질 및 그리기

1단계: 지저분하게 보이는 눈썹을 정리하는 단계로 눈썹용 빗으로 아래 방향으로 쓸어서 빗는다.

2단계: 눈썹용 가위로 빗질 상태에서 밖으로 삐져나온 부분을 잘라낸다.

3단계: 본인의 얼굴에 어울리는 이미지로 만드는 단계로 원하는 형태의 눈썹은 남겨두고 불필요한 부분을 눈썹 전용 칼로 민다. 족집게를 이용하여 눈썹을 뽑을 수도 있으나 자극이 될 수 있으니 눈썹 칼을 이용하여 먼저 민 후 다듬는 작업에서 정리하는 용도로 사용하는 것이 좋다.

4단계: 눈썹의 숱이 많은 사람은 펜슬로 정리해 주는 느낌으로, 숱이 적은 사람은 섀도우를 이용하여 눈썹의 빈 곳을 채워나가며 자연스럽게 연결시켜준다.

5단계: 눈썹을 그린 후 비뚤어진 부분은 면봉을 이용하여 지우고 살짝 수정한 후 정돈한다.

메이크업 눈썹

2) 눈 화장(Eye shadow)

눈은 마음의 창이라고 할 만큼 커뮤니케이션에서 중요한 도구이므로, 자신에게 어울리는 눈화장으로 눈매를 맑고 또렷하게 연출하는 것이 중요하다.

아이 섀도의 색을 선정할 경우 자신의 피부색, 눈동자의 색, 계절감 등을 고려하거나 의상과의 조화를 고려하는 것이 좋으며, 지나치게 어둡거나 펄이 많이 든 색상은 가급적 사용하지 않는 것이 좋다.

- 피부 톤에 어울리는 색상

가. 흰 피부: 어떤 색조든 무난히 잘 어울리며, 핑크 등의 파스텔 계열이 좋다.

나. 노란 피부: 브라운 계열이나 핑크 베이지 같은 내추럴 컬러가 좋고 바이올렛은 화려하게 표현하고 싶을 때 사용하면 어울린다.

다. 어두운 피부: 펄이 들어 있는 내추럴한 색상이나 아쿠아 블루, 짙은 보라 계열이 좋다.

(1) 눈 형태에 따른 아이 섀도 연출방법

가. 눈이 작은 경우

- 눈 길이를 길게 하는 것이 중요하므로 눈 앞쪽에서부터 아이라인을 그린 후 눈 전체에 밝은 색상의 섀도나 펄감이 풍부한 색상을 선택하여 눈꼬리 부분에서 짙은 색의 섀도를 연장하여 자연스럽게 발라준다. 언더라인 또한 눈꼬리에서 눈 쪽으로 길게 발라주는데, 이때 색상이 너무 진하지 않게 한다.

나. 눈이 큰 경우

- 진한 색상을 바를 시 눈이 강해 보이고 화장이 지나치게 화려해 보일 수 있으므로 진한 색상보다는 연한 색상을 선택하여 부드럽고 자연스럽게 연출한다.

다. 동그란 눈

- 눈매를 길게 하는 것이 관건이다. 눈앞과 눈꼬리 부분을 짙게 처리하여 눈매를 짙게 연출한다. 눈의 중앙부위에 짙은 색상을 바를 시 눈이 동그랗게 강조되기 때문에 어두운 브라운이나 그레이 계열의 포인트 컬러를 이용하여 눈꼬리 쪽으로 넓게 펴서 바른다. 언더라인도 눈꼬리 쪽으로 길게 연장하여 눈이 길어 보이게 한다.

라. 가느다란 눈

- 넓고 둥글게 연출하는 것이 중요하므로 눈머리와 눈꼬리에 짙은 색의 아이 섀도를 바르고, 아이 홀에는 밝은 색의 하이라이트를 주되 가급적 넓고 둥글게 연출한다. 언더라인 또한 눈의 중앙을 두껍게 발라 전체적으로 둥글게 연출되도록 한다.

마. 눈두덩이 나온 눈

- 지방질이 과도하게 많아 부어 보이는 눈으로 눈두덩이의 부피감을 줄이는 것이 중요하다. 펄이 들어가거나 붉은 계열, 지나치게 밝은 파스텔 색상은 눈을 더 부어 보이게 하므로 피한다.

바. 눈두덩이 들어간 눈

- 지방질이 너무 적어 눈이 움푹 들어가게 보이므로 푹 꺼진 눈에 부피감을 주어 부드럽게 보이게 하는 것이 중요하다. 펄감이 있는 샤이니한 색상이나 밝은 계열의 색상을 이용하여 아이 홀 부분에 하이라이트 효과를 주고, 포인트 컬러로 밝은 계열의 화사하고 따뜻한 색상의 아이 섀도 색상을 이용한다.

사. 눈꼬리가 처진 눈

- 눈꼬리가 내려간 형태로 내려간 눈꼬리를 올리는 것이 중요하다. 눈 앞머리에서 눈꼬리까지 라인을 살려 사선 방향으로 약간 올라가게 아이 라인을 그리고, 아이 섀도는 눈꼬리 쪽으로 그라데이션을 하는데 색상이 너무 진하게 되지 않도록 주의한다.

아. 눈꼬리가 올라간 눈

- 눈꼬리가 올라간 형태로 눈 앞머리와 눈꼬리의 아랫부분에 섀도의 포인트를 주고 눈꼬리 쪽으로 그라데이션해준다. 이때 눈꼬리의 색상이 너무 진하면 인상이 강해 보이므로 색상이 너무 진하지 않게 주의한다.

자. 외겹 눈

- 쌍거풀이 없는 외꺼플 눈으로 눈을 크고 또렷하게 연출하는 것이 중요하다. 아이 섀도로 라인감을 주거나 눈꼬리에 포인트를 주어 사선 방향으로 끌어올린 후 그라데이션해준다. 눈썹 뼈 주위에는 하이라이트를 강하게 해주어 전반적으로 평면적인 눈의 느낌을 입체적으로 연출한다.

메이크업 아이 섀도

3) 아이라인(Eye Line)

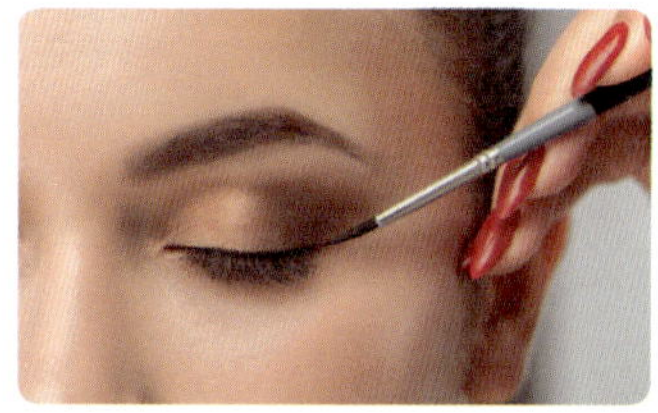

메이크업 중 가장 표현하기 어려운 부분으로, 아이 섀도의 사용과 함께 눈매를 아름답게 연출시키는 데 꼭 필요한 단계이다.

아이라이너는 하나의 선으로 눈을 선명하고 또렷하게 표현해주며 눈을 커보이게 하는 효과가 있다. 그릴 때에는 속눈썹 사이를 메우듯이 꼼꼼하게 그려주어야 자연스러우면서도 선명한 눈매를 연출할 수 있다. 눈을 크게 강조하고 싶을 때는 눈 위아래 점막을 펜슬로 잘 메워주면 보다 크고 매력적인 눈매로 표현할 수 있다.

눈매의 형태에 따라 눈꼬리가 조금 올라간 사람은 아이라이너 끝부분을 조금 낮게 내려주어 날카로운 인상을 주지 않게 하고, 눈꼬리가 처진 사람은 꼬리 부분을 살짝 올려주어 처져 보일 수 있는 인상을 조금 더 활기찬 인상으로 보완할 수 있다.

아이라이너의 종류로는 펜슬타입, 붓타입, 리퀴드 타입, 케이크타입 등이 있으며, 케이크타입은 자연스런 눈매를 연출할 수 있는 반면에 잘 번지는 단점이 있으므로 그 위에 섀도로 터치해 주면 번짐을 예방할 수 있다. 초보자인 경우에는 단단한 붓 펜 타입이 쓰기 편하며 젤 타입의 라이너를 사용해도 자연스럽게 표현할 수 있다. 분위기에 따라 컬러 아이 라이너를 사용하면 세련된 느낌으로 표현할 수 있다. 또한 너무 오버해서 눈꼬리를 길게 빼는 것은 절대 피하는 것이 좋다.

메이크업 아이라인

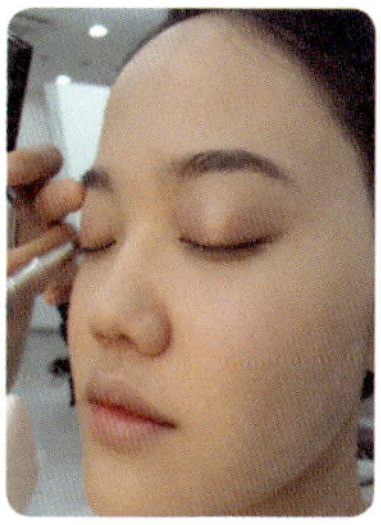

4) 마스카라(Mascara)

눈의 표정을 드라마틱하게 연출시켜 줄 수 있는 요소로써 눈썹을 풍부하게 만들어주며 컬링 효과가 있어 크고 또렷한 눈매로 완성시켜준다. 뷰러로 속눈썹을 올려준 후 위에서 아래로 지그재그로 바른 후 다시 아래에서 위로 지그재그로 발라준다.

- 마스카라를 선택하는 요령

- 길게 보이고 싶을 때 – 롤러 래쉬 타입
- 처지지 않게 올리고 싶을 때 – 컬링 타입
- 짙고 풍성하게 보이고 싶을 때 – 볼륨 타입
- 언더라인에 번짐을 방지할 때 – 워터프루프 타입
- 드라마틱한 눈을 표현할 때 – 컬러 마스카라

메이크업 마스카라

5) 볼터치(Cheek Make-Up)

메이크업의 마무리 단계로 얼굴의 혈색을 좋게 하고, 음영을 주어 생기 있는 이미지 연출이 가능하며 얼굴형을 교정해주는 역할도 한다. 얼굴형과 원하는 이미지에 따라 선택하는 색상과 터치방법을 알맞게 선택하도록 하고 부드러운 솔을 사용해야 피부 자극을 최소화할 수 있다.

- 얼굴형에 따른 볼터치

가. 둥근 얼굴

- 동그란 얼굴형은 큐트해 보이지만 지적이거나 세련된 느낌은 주기 힘들 수 있다. 얼굴 길이가 짧은 편이며, 얼굴 폭은 약간 넓어 보이고 볼이 통통하므로 얼굴을 갸름하게 하는 데 중점을 두어 귀 윗부분에서 구각보다 약간 위쪽을 향하여 세로로 길게 펴 발라 윤곽을 수정해준다. 이때 귀 부분에서 브러시에 힘을 주고 아래로 내려오면

서 힘을 빼주어, 자연스럽게 그라데이션되도록 한다. 또한 컬러를 진하게 사용하여 볼 화장을 강조하지 않는 것이 중요하다.

나. 긴 얼굴

- 얼굴 폭이 좁고 그에 비해 길이가 긴 형이다. 치크 컬러 효과를 살릴 수 있도록 볼뼈를 중심으로 둥글려 눈과 평행으로 그려주되 콧망울 선 밑으로 내려가지 않게 옆면을 넓게 펴 바름으로써 긴 볼을 조금 짧아 보이도록 한다. 긴 얼굴형은 보통 갸름하지만 나이보다 더 들어 보이기 쉬우므로 양 볼에 둥글게 그라데이션해주면 귀엽고 발랄해 보여, 나이보다 어려보일 수 있게 연출할 수 있다.

다. 역삼각형 얼굴

- 이마 폭이 넓고, 턱으로 내려갈수록 좁아지는 형으로 연약하고 소녀다운 느낌을 준다. 샤프한 느낌이 나기 때문에 볼 터치는 밝은 색으로 부드럽고 은은하게 표현해야 하며, 좁은 턱선이 강조되지 않도록 주의하여야 한다. 지나치게 턱선이 모가 났다든지 각진 부분은 볼 양옆에 밝은 하이라이트를 넣고, 각지고 넓은 이마는 피부 톤보다 한 단계 어두운 치크 컬러로 헤어라인 중심에서부터 눈썹 끝 부분까지 섀도 처리를 한다.

라. 각진 얼굴형

- 살이 많아 보이기보다는 뼈가 두드러져 보이는 스타일로 지적인 느낌이 나는 반면 남성적인 느낌도 나는 얼굴형이다. 또한 자칫 고집스러워 보이면서도 도전적인 인상을 줄 수 있기에 전반적인 느낌을 부드럽게 연출해주는 것이 중요하다. 광대뼈의 중심보다 약간 아래에서 볼 뼈를 따라 헤어라인에서 코 끝 방향으로 너무 진하지 않게

터치하고 치크 컬러가 넓어지지 않도록 한다. 네 모서리는 브라운 계열 섀도나 치크 컬러를 이용하고, 파우더 브러시나 볼 터치 브러시로 음영을 주어 턱선을 깎듯이 터치한다.

메이크업 볼터치

5) 입술 메이크업(Lip Make-Up)

메이크업은 립을 통해 완성된다. 가장 강렬한 포인트를 주는 요소로서 립 라인과 립스틱 색상 및 제품의 텍스처에 따라 다양한 분위기를 연출할 수 있다. 색상은 아이 메이크업과 어울리는 자연스러운 색상으로 연출하는 것이 좋고, 한 가지만 쓰기보다는 두세 가지를 섞어서 바르는 게 좋다.

- 립스틱을 선택하는 방법

가. 립스틱의 색은 옷 색상에 맞춘다.

- 자기 옷감의 주된 색상이 무엇인가를 알아서 그 옷에 맞는 립스틱을 선택해야 한다. 화장을 하는 데 있어 색상의 매치는 중요하다.

나. 피부를 희게 보이려면 선명한 색상을 선택한다.

- 피부가 아름다운 여성은 립스틱의 선택에 애를 쓸 필요가 없으나 피부가 어두운 사람은 선명한 색상의 립스틱을 선택해야 피부가 희게 보인다.

다. 립스틱을 엷게 칠하여 다른 부분을 강조한다.

- 립스틱을 엷게 칠한 상태에서는 치크 메이크업이나 아이 섀도 사용으로 눈길을 끌게 하여 포인트를 주어야 한다.

메이크업 입술

CHAPTER

06

용모와 복장

❶ 용모와 복장의 이해

❷ 여성의 용모와 복장

❸ 남성의 용모와 복장

CHAPTER

06

IMAGE MAKING

용모와 복장

1 용모와 복장의 이해

우리 인간에 있어 용모와 복장은 인격의 표현이기도 하고 상대방에 대한 예의를 나타내는 척도이기도 하며, 개인 고유의 개성을 표현하는 수단이기도 하다. 옷을 제대로 입는다는 것은 Time(시간), Place(장소), Occasion(경우나 상황) 즉, 자신이 있어야 하는 자리와 위치, 상황 등에 맞는 옷차림을 말한다. 자신이 느끼는 만족감도 중요하나 대인관계를 하는 사회인이라면 제3자의 시각에서 단정하게 보이도록 유의해야 한다. 그러므로 우리가 사람을 만날 때 타인에게 호감을 줄 수 있는 이미지를 만들기 위해서는 깨끗하고 단정한 용모와 복장을 갖추어야 한다.

1) 용모 복장의 중요성

상대에 대한 이미지를 판단하는 데 있어 첫인상은 매우 중요하며, 그중 55%가 시각적 요소에 의해 작용된다고 한다. 특히 용모에 대한 관심은 정도의 차이일 뿐 시대를 초월하며 남녀노소의 공통된 관심사이다. 용모는 타고난 것이지만 개인의 관심과 노력에 따라 개선될 수 있다.

단정한 용모와 복장은 비즈니스의 기본으로 상대에 대한 자신의 첫인상이며, 그에 따른 타인의 신뢰와 일의 성과를 좌우하고, 직장의 분위기를 밝게 하기 때문에 매우 중요하다. 따라서 이러한 단정한 용모 복장을 유지하기 위해서는 철저한 자기 관리와 지속적인 노력이 필요하다.

2 여성의 용모와 복장

• 용모와 복장 CHECK POINT

여성	
항목	용모 복장
머리	• 청결하고 손질은 되어 있습니까? • 앞머리가 눈을 가리지 않습니까? • 근무복에 어울립니까? • 머리 액세서리가 너무 눈에 띄지 않습니까? • 머리 염색 상태가 불량하지 않습니까?
화장	• 청결하고 건강한 느낌을 주고 있습니까? • 피부처리 및 화장부분이 흐트러지지는 않았습니까? • Eye shadow나 Lipstick 색상은 적당합니까?
복장	• 지나치게 구겨지지는 않았습니까? • 보기 흉한 얼룩은 없습니까? • 다림질은 되어 있습니까? (블라우스, 스커트의 주름 등) • 커트나 슬랙스의 단 처리는 깔끔합니까? • 어깨에 비듬이나 머리카락이 붙어 있지는 않습니까? • 근무복으로서 지나치게 유행에 따르지는 않았습니까?
손	• 손톱의 길이는 적당합니까? • 손은 깨끗합니까?
스타킹	• 색깔은 적당합니까? • 예비 스타킹을 가지고 있습니까?
구두	• 깨끗이 닦여 있습니까? • 근무복에 어울리는 스타일입니까? • 뒤축이 벗겨지거나 닳아 있지는 않습니까? • 구겨 신지는 않았습니까?
액세서리	• 방해되는 액세서리를 착용하지는 않았습니까? (팔찌, 늘어진 귀걸이 등)
향수	• 너무 진하게 뿌려 타인의 눈살을 찌푸리게 하지는 않습니까?

1) 용모의 기본 점검

가. 헤어(hair-do)

헤어스타일은 전체적인 이미지의 70%를 차지하는 만큼 항상 청결하고 단정해야 하며, 업무 특성에 맞는 헤어스타일을 유지하는 것이 중요하다.

- 매일 샴푸하여 윤기 있고 건강한 머리카락을 유지한다.
- 앞머리가 눈을 가리지 않도록 단정하게 처리한다.
- 머리를 깨끗이 손질하여 귀를 드러내는 게 좋다.
- 지나친 파마나 염색은 피하고, 가발 착용 또한 금한다.
- 긴 머리의 경우는 단정하게 머리를 묶는다.
- 흘러내리는 머리나 잔머리가 없도록 헤어관련 제품을 활용하여 깨끗하게 고정한다. 무스나 젤, 헤어스프레이를 지나치게 사용하여 인공적인 모습을 피하고 머리를 고정시킬 정도의 적당량을 사용하여 자연스런 모습을 연출한다.

나. 메이크업(Make up)

- 펄이 지나치게 많이 들어 있거나, 너무 흐리거나 검정색이 도는 색조화장은 하지 않는다.
- 너무 진한 화장도 곤란하지만, 전혀 화장기가 없는 맨 얼굴로 근무에 임해서도 안 된다.
- 진한 향이 나는 향수는 사용하지 않는 것이 좋으며, 화장품도 향이 강한 것은 사용하지 않는다.
- 입술은 반드시 발라서 창백하거나 아파 보이지 않도록 한다.
- 아이 새도나 아이라인은 너무 진하지 않게 하며 속눈썹은 붙이지 않는다.

다. 복장

- 어깨에 비듬이나 머리카락이 묻어 있지 않도록 한다.
- 옷은 항상 다림질하여 구김이 없도록 하며 단추도 떨어진 것이 없도록 한다.
- 속옷은 비치지 않도록 하고 색깔 있는 속옷은 삼간다.
- 스커트 단이나 솔기가 뜯어진 곳이 없도록 자주 점검한다.
- 블라우스의 컬러나 소맷부리가 더럽지 않도록 자주 세탁한다.
- 블라우스가 스커트 밖으로 빠져나오지 않도록 주의한다.
- 비즈니스 차림이나 서비스 종사원의 경우 너무 화려하거나 디자인이 요란한 의복은 피하는 것이 좋다. 심플하고 단정한 차림이 깔끔한 이미지를 준다.

라. 스타킹

- 스타킹은 무늬 없는 살색이나 커피색이 적당하다.
- 느슨하게 흘러내리지 않도록 주의해야 한다.

마. 구두

- 일반적으로 정장과 동일한 색상으로 조화를 이루는 것이 좋다.
- 유니폼 착용 시에는 검정색 가죽소재가 적당하며, 플레인 토우나 펌프스 힐이 적당하다.
- 구두는 꺾어 신지 않으며, 너무 굽이 높은 것도 삼간다.
- 색이나 모양이 너무 화려한 것은 삼가는 것이 좋다.
- 샌들은 업무용으로는 적합하지 않으며, 구두를 끌거나 굽 소리가 요란하게 나지 않도록 한다.

바. 액세서리

- 시계는 금속 줄이나 검정색, 밤색 등의 가죽 줄이 formal한 시계를 착용해야 하며, 요란한 패션 시계나 스포츠용 시계 착용은 삼간다.
- 목걸이는 요란한 장식은 피하고 가느다란 체인이나 작은 팬던트가 달려 있는 것으로 하나만 착용하는 것이 좋다.
- 간결한 것이 좋고 나이, 신분에 맞도록 착용한다.
- 자신의 경제 사정을 고려한다.
- 포인트만 주고 너무 산만하지 않도록 한다.
- 안경이나 머리핀 등이 화려할 경우 귀걸이는 가급적 하지 않는다.

사. 손

- 손톱은 너무 길지 않게 하며 짧을 경우엔 무색을 바르고 조금 길게 되면 튀지 않는 자연스러운 매니큐어를 바른다.
- 깨끗하게 정리된 상태를 잘 유지하며, 지나친 네일아트는 피하도록 한다.
- 서비스직 종사자는 손의 사용이 빈번하여 상처나 문신, 각질 등은 고객에게 불쾌감을 줄 수 있으므로 평소에 관리를 한다.

아. 가방

- 옷의 스타일과 색상에 조화를 이루어야 한다.
- 업무와 비교하였을 때 지나치게 큰 가방이나 내용물이 적게 들어가는 지나치게 작은 가방은 피하도록 한다.
- 고가의 유명 브랜드에 집착하기보다는 때, 장소, 상황에 맞게 핸드백을 사용한다.

- 핸드백은 항상 잘 유지되고 내부가 정돈되어 있어야 한다.
- 식당에서는 자신의 등 뒤에 놓아둔다.

자. 향수

- 향수를 고를 때에는 먼저 자신의 이미지에 어울리는 향을 선택하는 것이 중요하다.
- 향수는 열과 태양광선에 매우 약하므로 통풍이 잘되고 직사광선이 닿지 않는 장소에 보관해야 한다.
- 향수는 원칙적으로 맥(脈)이 뛰는 곳에 뿌린다. 특히 하반신에 중점을 두면 위쪽으로 향기가 올라와서 효과를 높인다.
- 향기가 은은하게 풍기도록 하기 위해 정면에서 향수를 뿌리는 일은 삼가야 한다.
- 향수는 자신이 희미하게 느낄 정도로 바르는 것이 적당하다.
- 향수는 섞어 쓰지 않는다.
- 화장품의 향기와 조화를 이룰 수 있는 향수를 사용하는 것이 좋다.
- 보석과 모피에 뿌리는 것은 삼간다.
- 겨드랑이는 땀과 섞여 좋지 않은 냄새를 내기 때문에 향수를 뿌리는 것은 금물이다.
- 병문안, 행사 등에 참가할 때에는 신중히 사용한다.

참고 부향률(알코올에 들어가는 향료의 양)에 의한 분류

● **퍼퓸 (Perfume)**

부향률이 20% 이상인 경우를 말하며, 향수 중에서 가장 농도가 강해서 향이 풍부하고, 향의 지속시간이 대략 10시간 이상 된다. 향이 강하므로 포인트에

소량만 사용하는 것이 좋다.

● **오드 퍼퓸(Eau de Perfume)**

부향률이 10~20%인 경우를 말하며, 퍼퓸과 오드 뚜왈렛의 중간 타입이다. 퍼퓸보다 양은 많고 향은 퍼퓸에 가까우므로 실용적이며, 지속시간은 5~7시간 정도이다.

● **오드 뚜왈렛(Eau de Toilette)**

부향률이 5~10%인 경우를 말하며, 지속시간은 3~5시간 정도이다.

옅은 향을 띠고 있어 상큼한 감각과 향수의 지속성을 즐길 수 있는 것이 특징이다. '화장수'란 의미로 가장 대중적인 향수이며, 가벼운 감각으로 간편하게 전신에 뿌릴 수 있으므로 초보자가 사용하기에 적합하다.

● **오드 콜로뉴(Eau de Cologne)**

부향률 3~5%이며, 은은하고 상쾌한 향취가 특색인 제품으로 지속시간은 1~2시간 정도로 짧다. 가볍고 상쾌한 효과가 있어 운동이나 샤워 후 전신에 사용하기 좋다. 독일 쾰른 지방에서 '쾰른의 물'이란 이름의 향수를 개발, 이 제품이 상업적으로 성공을 거둠으로써 오데 코롱이란 이름을 갖게 되었다.

3 남성의 용모와 복장

남성	
항목	용모 복장
머리	• 앞머리가 눈을 가리지 않습니까? • 잠자고 난 듯한 뒷머리를 하고 있지는 않습니까? • 헤어제품을 이용한 스타일링이 제대로 되어 있습니까? • 비듬은 없습니까? 냄새는 나지 않습니까?
얼굴	• 수염, 코털이 길지 않습니까? • 이는 깨끗하고 입 냄새, 담배 냄새는 나지 않습니까? • 눈은 충혈되지 않고 안경은 더럽지 않습니까?
드레스 셔츠	• 소매부분이나 칼라부분이 더럽지 않습니까? • 칼라부분의 단추가 느슨하지 않습니까? • 색상, 무늬는 적당합니까? • 다림질은 잘 되어 있습니까? • White 셔츠에 색이 있는 러닝셔츠를 입지는 않았습니까?
넥타이	• 비뚤어져 있지 않고 풀어져 있지 않습니까? • 때, 얼룩, 구겨짐은 없습니까? • 양복과 어울립니까? • 길이는 적당하고 타이 핀 위치는 적당합니까?
상의	• 상의 소매의 길이나 셔츠 깃의 높이는 적당합니까? • 주머니가 불룩할 정도로 많이 넣어져 있지는 않습니까?
바지	• 다림질되어 있고 무릎이 많이 나와 있지는 않습니까? • 길이가 적당합니까?
손	• 청결합니까? • 손톱이 길지 않습니까?
벨트	• 색이나 질감은 적당합니까?
양말	• 화려한 색상이나 무늬는 아닙니까? • 백색 스포츠용 양말을 신고 있지 않습니까?

구두	• 잘 닦여 있습니까? • 굽이 닳아 있습니까? • 색상이나 형태는 비즈니스 구두로써 적당합니까?
가방, 지갑, 명함 지갑 등	• 형태가 망가져 있지 않습니까? • 깨끗이 손질되어 있습니까? • 명함은 명함 지갑에 넣고 매수는 적당합니까?

1) 용모의 기본점검

가. 헤어

- 이마를 드러내는 것이 자신감 있는 모습의 연출에 좋다.
- 옆머리는 귀를 덮지 않도록 한다.
- 뒷머리는 셔츠 깃이 닿지 않도록 한다.
- 빗질을 하거나 헤어 제품을 사용하여 단정한 모양을 유지한다.
- 머리가 지나치게 길거나 지나치게 튀는 염색이나 헤어스타일은 피한다.
- 무스나 젤을 지나치게 많이 바르는 것은 피하며 스타일을 고정하기 위해 적당량을 사용하는 것이 바람직하다.
- 자주 이발하고, 빗질하며 단정함과 청결함을 유지한다.

나. 얼굴

- 매일 면도하여 청결함을 준다.
- 눈은 충혈되지 않도록 한다.
- 코털과 콧수염은 자주 자르도록 한다.
- 향이 강하거나 불쾌한 냄새가 나는 화장품은 사용하지 않는다.
- 귀를 청결하게 유지한다.
- 항상 미소 띤 밝은 표정을 유지한다.

다. 손

- 손은 항상 깨끗이 하고 손톱은 청결한 상태에서 너무 길지 않도록 유지한다.

라. 정장

- 정장의 상의는 2버튼일 때는 윗단추 하나만 채운다.
- 3버튼 정장은 윗단추를 채우는 것이 바람직하다.
- 상하의 모두 다림질을 하여 착용한다. 특히 바지는 여러 줄이 생기지 않도록 유의한다.
- 단추가 떨어지거나 바느질이 뜯어진 곳이 없도록 잘 손질한다.
- 바지의 길이는 서 있는 자세에서 바짓단이 구두 등을 스치는 정도의 길이가 적당하다.
- 체형에 맞춰 색상, 옷감의 패턴을 선택한다.
- 키가 작은 사람은 밝은 색상, 줄무늬를 살린 패턴을 선택한다.
- 뚱뚱한 사람은 커다란 체크무늬의 옷을 피한다.
- 상의 주머니에는 가급적 소지품을 넣지 않는다.
- 무릎이 튀어나온 바지는 입지 않는다.
- 허리띠를 반드시 맨다.

마. 드레스 셔츠

- 흰색 또는 옅은 색깔에서 크게 벗어나지 않는 것이 좋다.
- 목 단추까지 모두 채워 착용한다.
- 선 자세에서 셔츠의 소매는 슈트 상의 소매 밖으로 1~1.5cm 정도 나오도록 입는 것이 보기에 좋다.

- 팔 길이는 양복 소매 밖으로 1.5cm 정도 나오는 것이 적당하다.
- 화려한 디자인이나 무늬는 지양한다.
- 목둘레는 0.5cm 정도 여유 있는 것이 바람직하다.
- 소매의 커프스는 여유 있게 손목에 맞아야 하지만 단추를 풀지 않고는 손을 넣을 수 없을 만큼 좁아야 한다.
- 셔츠의 길이는 허리 아래로 적어도 15cm 정도 내려와야 움직일 때 위로 빠져 나오지 않으며, 바지의 앞부분이 단정해 보인다.

바. 타이

- 길이는 벨트의 버클을 약간 덮을 정도가 좋으며 안쪽 넥타이가 바깥쪽 넥타이 길이보다 길지 않아야 한다.
- 정장과 잘 조화되는 색상과 패턴을 선택해야 한다. 격식을 갖추는 자리이거나 서비스 종사원의 경우에는 화려하거나 튀는 색상과 패턴을 피하고 무늬 없는 플레인이나 작은 물방울무늬, 줄무늬 정도의 패턴이 적당하다.
- 조끼 착용 시에 넥타이는 조끼 밑으로 나오지 않는 것이 좋다.
- 넥타이 매듭이 중앙에 와야 하며 느슨하지 않도록 한다.
- 색깔은 양복과 동일 색이거나 보색 계통이 좋다.

사. 조끼

- 조끼를 입을 경우 몸에 꼭 맞게 입어야 재킷의 실루엣이 잘 살아날 수 있다. 조끼의 단추도 재킷과 마찬가지로 맨 아래 단추는 열어두고 위에 있는 모든 단추들을 채우는 것이 보편화되어 있다.

아. 벨트

- 색상은 양복이나 구두의 색깔과 동색 또는 어울리는 색이 좋다.
- 지나치게 요란한 버클 장식은 피한다.
- 정장 차림의 바지에서는 반드시 벨트를 착용해야 한다.

자. 구두

- 일반적으로 심플한 검정 단화를 착용하는 것이 무난하며, 양복 색상과 조화를 이루는 색상으로 양복보다는 짙은 색으로 선택한다.
- 매일 깨끗이 손질하여 착용하여 지저분하지 않도록 유지해야 한다.
- 뒷굽이 많이 닳은 구두는 신지 않는다.
- 양복의 색깔과 맞춘다.
- 구두의 뒤축을 구겨 신지 않는다.
- 정장 차림에 캐주얼화 착용을 피하며, 특히 발등이 반만 덮여 발등이 훤히 노출 되는 태슬 로퍼(tassled loafer) 착용은 금한다.

차. 양말

- 바지나 구두 중 색이 진한 쪽으로 선택한다.
- 목이 지나치게 짧은 양말은 피한다.
- 양복과 잘 어울리는 색상으로 선택하되, 양복에 흰색 양말은 착용해서는 안 된다.
- 양말은 매일 세탁하여 청결을 유지한다.

카. 향수

- 신사에게 콜로뉴(cologne)는 액세서리이다.
- 콜로뉴는 냄새를 제거할 목적으로 사용하면 절대 안 된다.
- 콜로뉴는 양복, 포켓, 손수건, 목에 가볍게 뿌리는 것으로 충분하다.

CHAPTER

07

비즈니스 매너

CHAPTER

07

IMAGE MAKING

비즈니스 매너

1 매너와 에티켓

1) 매너와 에티켓의 어원

매너(Manner)의 어원은 '마누아리우스(Manuarius)'라는 라틴어에서 탄생했다.

'마누아리우스(Manuarius)'란 마누스(Manus)'와 '아리우스(Arius)'의 합성어로 마누스는 '사람의 손'이라는 의미로 사람의 행동, 습관으로 발전되어 해석되고 있으며, 아리우스는 '방법'이나 '방식'의 의미를 지니고 있다. 따라서 매너란 사람마다 갖고 있는 독특한 습관과 몸가짐으로 행동하는 방법이나 방식이라고 할 수 있으며, 상대방이 존중과 배려를 받는다는 느낌이 들도록 마음과 행동을 다하는 것이라고 할 수 있다.

에티켓(Etiquette)의 어원은 프랑스의 베르사유 궁전 정원을 보호하기 위해 화원에 'Estiquier(출입금지)'라는 말뚝을 박아 화원에 들어가 나쁜 행동을 하는 사람들의 출입을 금지하기 위해 사용된 것으로 알려졌다. 후에 베르사이유 궁전에 들어가는 사람에게 입장권(ticket)을 주었는데 그 종이에 궁전에서 지켜야 할 예의 등이 적혀 있어 현재 에티켓의 유래가 되었다고 한다.

현대사회에서 여럿이 함께 살아가면서 접촉하거나 행동할 때 공통적으로 적용되는 규범을 지키지 않으면 서로 충돌하거나 혼란을 가져오게 된다. 따라서 에티켓은 법적 구속력은 없지만 사회활동을 부드럽고 쾌적한 분위기로 만들기 위해 지켜야 할 기본적인 규범에 해당한다.

2) 매너와 에티켓의 차이점

매너와 에티켓은 모두 예절의 의미로 해석될 수 있으며 사람의 마음가짐이나 행동방식, 자세에 대한 의미로 해석해볼 수 있다. 의미가 별로 차이가 없어 보일 수 있으나 세밀하게 그 차이를 풀어보면 에티켓은 우리가 사회생활에서 지켜야 할 기본적 질서의식으로서, 상호 간에 지켜야 할 바람직한 행동양식이고 매너는 상대에게 행하는 구체적 행동방식이라고 할 수 있다.

예를 들어 버스에서 노약자에게 자리를 양보하는 것을 두고 에티켓이 '있다, 없다'로 보통 표현하지만 버스에서 노약자에게 먼저 다가가 부축하며 자신의 자리를 양보하여 준다면 그것은 매너가 '좋다, 나쁘다'라고 표현한다.

또한 직장생활에 있어서 상사와 엘리베이터를 함께 타게 되었을 때 자신이 먼저 타서 버튼을 누르고 상사에게 상석의 자리를 내어주는 것은 에티켓이 있는 직원이라고 할 수 있으며 엘리베이터 문이 열렸을 때 상사에게 밝은 표정으로 웃으며 "제가 먼저 타서 누르겠습니다."라고 표현하고 상사가 편안히 타도록 적극적으로 배려한다면 '에티켓이 있다.'라는 말보다 매너가 좋은 직원이라는 말을 듣게 될 것이다.

에티켓	매너
• 행동기준 • '나 자신'에 대한 행동 • '있다, 없다'의 유무로 구분 • 형식(form) • 화장실에서 노크하는 행동 자체	• 행동으로 나타내는 표현방법 • '상대방을 위한 배려' • '좋다, 나쁘다'로 구분 • 방식(way) • 상대를 배려해서 조심스럽게 노크하는 것

2 비즈니스 매너

1) 비즈니스 매너의 중요성

'매너는 인격이다'라는 말이 있듯이 매너는 그 사람의 됨됨이와 가치를 평가하는 커다란 기준이 되기도 한다. 매너는 그 사람의 '사회적 위치'를 굳이 알지 못하더라도, 개개인의 매너 수준을 통해 자기 스스로가 어떠한 사람인지를 상대에게 보여주는 것이기에 기본적인 매너를 갖추는 것은 중요하다.

좋은 비즈니스 매너는 인간관계에서 상대에 대한 친절한 태도, 예의바른 마음, 배려심 등이 기본이 되어야 하며, 상대의 인격을 존중하고 상황에 맞게 기분을 헤아려주는 존중의 자세 또한 필요하다. 세계적 경영 컨

설턴트인 톰 피터스는 2009년 생존 키워드 6가지 중 하나로 '매너'를 꼽으며 "좋은 매너는 복을 부른다."고 했다. 이 말을 비즈니스에 적용하면 "좋은 비즈니스 매너는 성공을 부른다."로 해석할 수 있다. 따라서 비즈니스 매너는 직장생활의 성패를 가르는 중요한 요소로서 비즈니스맨에게는 곧 능력으로 통하며, 단순히 개인에 대한 호감을 넘어 기업 이미지와 신뢰도의 상승, 나아가 기업의 이익 창출에까지 지대한 영향을 끼친다.

따라서 '매너는 나의 경쟁력이다.'라는 마음가짐으로 좀 더 세련되고 예의바른 매너를 익혀보자.

2) 세계화 시대와 비즈니스 매너

교통수단의 발달과 초고속 인터넷의 보급으로 전 세계가 하나의 네트워크를 형성하게 되었고, 거대한 지구촌이 완성되었다. 또한 국가 간 자유무역협정 체결이 확대되면서 제품이나 용역뿐 아니라 문화교류도 활발히 진행되고 있어 다른 국가의 전반적인 문화를 이해하고 행동하는 것이 비즈니스에서 가장 중요한 덕목 중 하나가 되었다.

기본적으로 비즈니스 매너는 상대방을 배려하고 존중하는 마음을 기본 덕목으로 하기 때문에 상대방에게 불쾌감을 주지 말아야 하며, 더 나아가 친근하고 우호적인 이미지를 주어야 한다. 세계화 시대의 비즈니스는 다른 문화와의 커뮤니케이션이다. 커뮤니케이션은 언어뿐 아니라 비언어적인 모든 행동을 사용하여 사람들과 상호 교류하여 사회생활을 영위해 나가는 과정이라고 할 수 있다. 즉, 언어적인 부분 이외에 말하는 사람의 표정, 자세, 억양, 행동 등의 비언어적인 부분까지 포함하고 있다.

따라서 커뮤니케이션이 성공적이라는 것은 다른 문화에 대한 공감, 존중 등을 나타내는 자세가 상대방에게 잘 전달되었다는 것을 의미하므로 성공적인 비즈니스를 위해서는 각 문화를 이해하고 상황에 맞는 세련되고 품위있는 매너가 필수 요소라는 것을 명심해야 한다.

3 소개 매너

사회생활을 하다 보면 다양한 사람들을 만나게 되고, 자신을 소개하거나 소개를 받기도 하며, 자신이 타인을 소개해야 할 일들이 생기기 마련이다. 소개는 모르는 사람을 서로 알게 하는 것이며, 이들과의 인맥을 형성하기 위한 방법이므로 첫 만남에서 다른 이들을 소개하고 소개받는 형식과 예의는 매우 중요하다. 소개하는 과정이 원활하지 않고 매너를 몰라 실례를 범하게 된다면 낭패를 보는 경우도 생기며 자신의 이미지에 타격을 받게 되는 경우도 생길 수 있다. 인간관계를 형성해 나가는 데 있어 좋은 가교역할을 하는 소개예절을 바르게 익히도록 하자.

1) 자기소개할 때

① 모임이나 행사에서 바른 자세로 일어나서 자신을 소개한다.

- 상황에 맞는 인사말과 함께 자신의 이름, 직업, 회사 등을 소개한다.
- 자신의 직위를 밝히지 않고 보통 이름만 말한다.
- MISS, MR와 같은 존칭을 쓰지 않는다.

② 입사면접 시의 자기소개라면 장황하지 않게 약 30초~1분 정도로 간단명료하게 말한다.

③ 밝고 호감 가는 인상으로 자신을 소개한다.

2) 소개받을 때

① 소개받을 때도 자리에서 일어난다.

② 소개받은 후 상대방의 이름을 불러주는 것도 예의라 할 수 있다.

③ 소개받은 후 자연스러운 분위기 형성을 위해 가벼운 주제로 대화를 이어나간다.

3) 소개하는 순서

① 모르는 사람들이 모인 경우는 먼저 '본인'을 소개하고, 다른 사람들을 소개받는다.

② 공식적인 자리에서는 사회자가 자신을 먼저 소개하고, 중요한 참석자를 소개한 뒤에 행사를 진행한다.

먼저		나중
손아랫사람을	➡	손윗사람에게
지위가 낮은 사람을	➡	지위가 높은 사람에게
남성을	➡	여성에게
후배를	➡	선배에게
집안사람을	➡	손님에게
회사사람을	➡	고객(외부인)에게
예외	➡	국가원수, 성직자, 왕족 등은 이러한 기준에서 예외가 될 수 있음

4) 소개 시 에티켓

① 소개 시에는 모두 일어나는 것이 원칙이다.
- 환자나 노령자는 예외이다.
- 나이가 많은 여성이나 앉아 있던 여성은 앉은 채 남성을 소개받아도 괜찮다. 단, 호스티스는 반드시 일어나야 한다.

② 소개 후 남성 간에는 악수를 교환하고 이성 간에는 목례로 대신한다.
- 연장자가 악수를 청하기 전에 손을 내밀지 않는다.
- 연장자가 악수 대신 간단한 인사를 하면 연소자는 미소를 지으며 목례로 답한다.

③ 직업이 서로 다른 사람을 소개할 경우에는 간단한 인적사항을 융통성 있게 덧붙이는 것이 효과적이다.

④ 결혼 리셉션, 사교파티 등 파티장소에서는 참가자의 자연스러운 대화를 통해 자기를 소개해도 무방하다.

⑤ 소개할 때에는 자신의 이름을 정확하게 전달하고, 상대의 이름을 기억하지 못해 실수하지 않도록 주의한다.

⑥ 파티를 주최하는 사람은 초청자의 이름, 직업, 지위를 기억했다가 정확하게 소개하도록 한다.

⑦ 초면인 경우 날씨, 예술, 뉴스, 스포츠, 여행 등 가벼운 화제로 대화하며 정치와 종교, 금전과 같은 민감한 대화는 하지 않도록 한다.

⑧ 소규모 파티에서 먼저 나오게 될 경우 소개받은 모든 사람들에게 작별 인사를 한다.

⑨ 대형 파티에서 주위의 사람들에게만 작은 소리로 작별인사를 하고 소개받을 때와 마찬가지로 일어서서 인사한다.

4 악수 매너

1) 악수의 유래

악수의 기원은 추측으로밖에 알 수 없기에 다양한 이야기가 있다. 천상의 신이 지상의 통치자에게 권력을 수여하는 제스처라고도 하며, 손에 쥐는 무기류를 사용하던 시절, '내 손에는 당신을 해칠 무기가 없습니다.'라는 의미

에서 유래되었다는 말도 있다. 또한 중세 유럽에서는 길에서 낯선 사람과 만나면 우선 적이라고 의심해 몸에 지니고 있는 칼에 손을 댔는데 그러다가 싸울 뜻이 없음을 알게 되면 칼을 거두고 무기를 쓰는 손을 내밀어 적의가 없다는 뜻을 나타내는 방법이라고도 하였다.

2) 악수의 의미

악수는 사람들 간에 친근한 정을 표현하는 것으로서 사회생활을 함에 있어 관계형성을 시작하는 중요한 행위이다. 악수는 경건한 마음을 담아 미소 띤 얼굴에 허리를 곧게 펴고 마음에서 우러나는 태도를 취하는 것이 중요하다. 이러한 악수방법이 허리를 굽혀 인사하는 우리의 전통적 인사방법과 다소 차이가 있으므로 악수매너를 익혀 실수하지 않도록 하는 것이 중요하다.

3) 악수의 순서

먼저		나중
손윗사람(연장자)	→	손아랫사람(연소자)
여성	→	남성
선배	→	후배
상급자	→	하급자
기혼자	→	미혼자
예외	→	국가원수, 성직자, 왕족 등은 이러한 기준에서 예외가 될 수 있음

4) 악수하는 방법

① 악수는 반드시 일어서서 한다.

② 호의적이고 밝은 표정으로 상대방의 눈을 본다.

③ 상체를 바로 세우고 함께 오른손을 잡는다.

- 허리를 약간 숙여 정중함을 표현해도 좋다.

④ 적당한 힘을 주어 손을 잡은 후 가볍게 2~3번 흔든다.

⑤ 왼손은 자연스럽게 바지 재봉선에 붙인다.

- 한국 정서상 공손하게 왼손을 오른쪽 팔꿈치에 대기도 한다.
- 왼손을 살짝 아랫배 쪽에 두기도 한다.

⑥ 마지막까지 상대와 시선을 맞추도록 한다.

5) 악수 시 유의사항

① 왼손을 주머니에 넣거나 뒷짐을 지지 않도록 한다.

② 손을 너무 세게 잡거나 약하게 잡지 않도록 하고 손끝만 잡지 않도록 한다.

③ 오랫동안 손을 잡고 있거나 악수한 채로 긴 대화를 나누지 않도록 한다.

④ 장갑은 벗은 상태에서 악수를 한다.

- 여성의 경우 방한용 장갑이 아니라면 끼고 해도 무방하다.

⑤ 땀에 젖어 있거나 청결하지 않은 상태의 손으로 악수하지 않는다.

⑥ 왼손잡이라고 할지라도 악수는 반드시 오른손으로 청하도록 한다.

⑦ 적당한 거리를 유지하도록 한다.

⑧ 밝은 표정과 시선을 잊지 않도록 한다.

- **잘못된 악수예절**

죽은 생선(Dead Fish) 악수	힘 없이 하는 악수는 상대방에 대한 무관심의 표현 또는 나약한 사람으로 보일 수 있음
바이스(Vice)악수	상대방의 손에 피가 흐르지 않을 정도로 세게 잡는 악수. 둘의 관계를 자기 마음대로 휘두르거나 자신의 힘을 과시하는 느낌을 줄 수 있음
손가락 끝만 잡는 악수	상대방에게 적극적이지 못하다는 인상을 주며, 반대로 손가락 끝만 세게 잡는 악수는 상대방을 얕잡아보는 인상을 줌

5 명함 매너

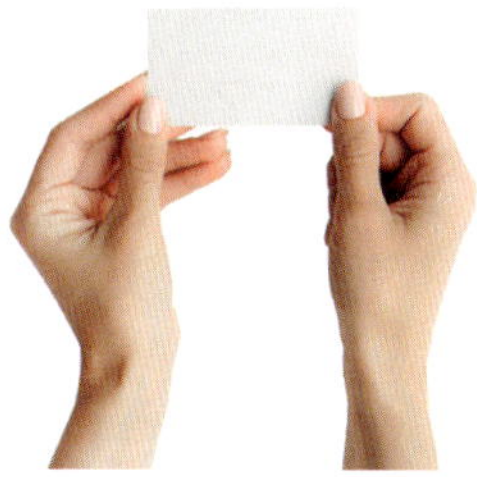

명함은 그 사람의 얼굴이고 자신의 이름, 신분, 연락처 등이 표기되는 자기소개의 또 다른 방법이다. 명함은 서로의 관계를 맺어주는 매개체로서의 역할로 자신의 존재와 정확한 정보를 알리면서 상대에게 신뢰감을 주고, 새로운 인간관계를 만들 수 있는 중요한 도구가 된다. 따라서 전달받은 명함을 올바르게 취급하고 소중히 다루어주는 것이 상대에 대한 예의일 뿐만 아니라 자신의 이미지 관리에도 바람직한 태도라 할 수 있다. 더불어 명함은 개인이나 기업의 이미지를 전달하는 수단이기 때문에 명함을 제작할 때는 디자인이나 재질에 세심한 주의가 필요하며 관리 또한 중요하다.

1) 명함을 건넬 때

① 명함은 미리 충분히 준비한다.

- 명함은 명함집이나 지갑에 거꾸로 넣어두어 상대방과 대면 시 바로 꺼내서 건넬 수 있게 한다.
- 여성의 경우 핸드백에 넣어두는 것도 무방하다.

② 명함은 서 있는 자세로 교환하는 것이 바람직하다.

③ 명함을 교환할 때는 아랫사람이 윗사람에게 먼저 건넨다.

- 직급이 낮은 사람이 높은 사람한테 먼저 건넨다.

④ 본인이 방문자인 경우 먼저 명함을 건네는 것이 에티켓이다.

⑤ 명함은 오른손으로 건네고 본인의 이름이 상대방 쪽에서 받을 때 바르게 보여 한번에 읽을 수 있도록 건넨다.

- 상체를 약간 숙인 상태에서 왼손을 오른손에 살짝 받치는 느낌으로 공손히 전한다.
- 상대의 가슴과 허리선 사이의 위치에서 자연스럽게 건넨다.
- 맞교환할 경우 자신의 명함은 오른손으로 건네고 상대방의 명함은 왼손으로 받는다. 그러나 부득이한 경우가 아니면 실례이므로 가능하면 먼저 두 손으로 받은 다음에 자기의 명함을 건넨다.

⑥ 정중하게 인사한 후 인사말과 함께 자신의 회사명과 이름을 밝히면서 건넨다.

⑦ 상사와 함께 방문했다면 상사가 먼저 명함을 교환하고, 상대가 두 사람 이상일 경우에는 윗사람에게 먼저 준다.

2) 명함을 받을 때

① 명함을 건넬 때와 마찬가지로 일어서서 받는다.

② 명함을 유심히 살피고 상대방의 이름을 복창하며 관심을 표명한다.
- 상대방의 이름을 읽기 어려울 때는 정중히 물어보는 것이 바람직하다.
- 어려운 한자나 영어는 그 자리에서 물어보도록 한다.

③ 명함을 받은 후 자신의 명함이 없다면 정중히 사과하고 자신을 소개한다.

④ 명함을 받은 후 이름을 확인하고, 대화 중 상대방의 이름을 불러주는 것이 친근하므로 바로 넣지 않고 테이블 위나 가까운 곳에 두고 대화 중 참고하는 것이 좋다.

⑤ 받은 명함은 소중히 보관하고, 상대방 앞에서 명함에 메모하는 것은 실례이다. 꼭 기재할 사항이 있다면 기억했다가 상대가 없는 곳에서 명함 뒷면에 적는 것이 좋다.

3) 명함 관리와 보관 및 주의할 점

① 명함은 항상 여유 있게 준비하며, 명함을 찾느라 이리저리 뒤지는 모습은 보이지 않도록 한다.

② 명함을 거꾸로 건네지 않도록 한다.

③ 명함은 반드시 구겨지지 않은 깨끗한 상태로 건넨다.

④ 명함을 받은 후 보지 않고 바로 넣어버리는 것은 큰 실례이다.

⑤ 상대방에게 인사말과 자신을 소개하지 않은 채 명함만 건네지 않도록 한다.

⑥ 받은 명함을 만지작거리거나 부주의로 떨어뜨리지 않도록 한다.

⑦ 받은 명함을 테이블에 그대로 두고 가거나 뒷주머니에 아무렇게 넣는 등 무례한 태도를 보이지 않도록 한다.

⑧ 명함집을 활용하여 받은 명함을 자신의 방식으로 정리하여 보관한다.

⑨ 명함을 앉은 채로 교환하는 것은 실례이다.

CHAPTER

08 커뮤니케이션

❶ 커뮤니케이션의 이해

❷ 커뮤니케이션의 효과 결정요인

❸ 커뮤니케이션의 종류

❹ 조해리 창문

CHAPTER

08

IMAGE MAKING

커뮤니케이션

1 커뮤니케이션의 이해

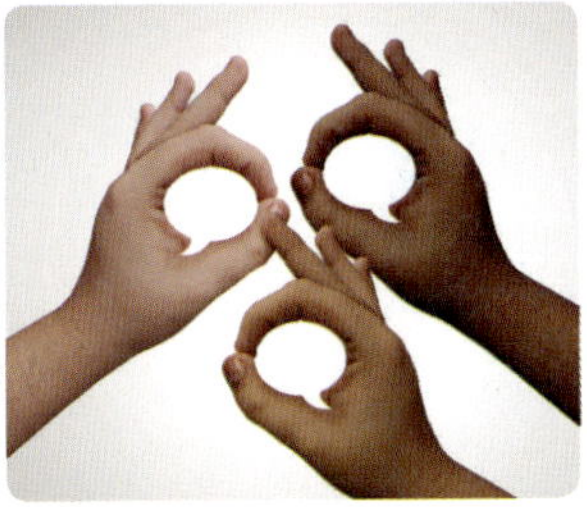

인간은 다른 동물에 비해 월등한 커뮤니케이션 능력을 지니고 태어났고, 누구나 커뮤니케이션을 잘하고자 하는 욕구를 지닌다. 그러나 커뮤니케이션은 결코 단순하지 않다. 커뮤니케이션의 본질을 알기 위해서는 커뮤니케이션이 '과정'이라는 것을 이해해야 한다.

1) 커뮤니케이션의 개념

커뮤니케이션은 삶의 중요한 한 부분이며 일상생활을 유지하는 수단이다. 사회생활에서 매우 중요한 인간관계 역시 커뮤니케이션을 통해 이루어진다. 커뮤니케이션의 본질을 보다 쉽게 이해하기 위해서는 먼저 단어의 어원을 살펴볼 필요가 있다. 커뮤니케이션(communication)은 '공통의(common)', 또는 '공유하다(share)'라는 뜻의 라틴어 'communis'에서 유래되었으며, 공동체 또는 지역사회라는 뜻을 가진 영어의 '커뮤니티(community)'라는 단어와 그 뿌리를 같이한다. 이처럼 커뮤니케이션은 결코 혼자 하는 것이 아니며, 커뮤니케이션 없는 공동체, 또는 공동체 없는 커뮤니케이션은 상상하기 어렵다. 커뮤니케이션은 인간으로 하여금 사회적 존재로서 살아가게 만드는 도구가 된다.

커뮤니케이션(communication)은 두 사람 이상의 사람들 사이에서 언어 · 비언어 등의 소통 수단을 통해 자신들끼리 가지고 있는 생각, 느낌, 감정, 사실과 정보, 의견을 전달하고 피드백을 받으면서 상호작용하는 과정이다. 이러한 커뮤니케이션은 필수불가결한 인간의 활동이며, 상징을 통하여 의미를 전달하는 현상 즉, 정보전달의 현상이라고 할 수 있다. 커뮤니케이션에 대한 다양한 정의를 살펴보면 다음과 같다.

- 다른 사람에게 의미를 전달하는 과정이다.
- 두 사람 사이의 사실이나 감정, 태도, 신념, 생각 등을 전달하는 과정이다.
- 메시지를 주고받는 과정이다.
- 두 명 이상의 당사자들이 언어적 또는 비언어적 방법을 통해 서로의 의사와 감정을 전달하고 반응을 주고받는 과정이다.
- 모든 방법을 동원하여 사람들이 서로 간에 영향을 주고받으며, 서로를 이해해 나가는 상호작용 과정이다.

2) 커뮤니케이션의 기능

효과적인 커뮤니케이션은 인간관계를 성공적으로 이끌어 가는 기본적인 수단이 되는 동시에 개인의 이미지 전달에 있어 종합적으로 작용한다. 그리고 개인의 이미지 형성에 큰 영향을 미치게 되므로 커뮤니케이션은 퍼스널 이미지의 중요한 요소가 된다.

또한 커뮤니케이션은 시각적, 언어적, 감각적인 경험의 복잡한 혼합체로서 모든 조직 활동이 이루어지는 대인관계의 기본이다. 사람들은 대인 커뮤니케이션을 통해 끊임없이 자기를 나타내고 사회규범을 배우고 남과 유대관계를 맺으면서 자기 자신을 발견한다. 이는 대인 커뮤니케이션이 주로 두 사람 사이에 이루어지는 가장 직접적인 커뮤니케이션으로 말이나 표정, 행동 등 몸 전체를 통해 영향을 주고받기 때문이다. 이 밖에도 커뮤니케이션은 정보제공, 동기부여 강화, 정서기능, 통제기능 등의 다양한 기능이 있다.

정보제공	커뮤니케이션은 의사결정에 필요한 정보를 제공한다.
동기부여 강화	무엇을 해야 하는가를 명확하게 해줌으로써 동기부여를 강화한다.
정서기능	감정표현과 사회적 욕구를 충족시켜 주는 기능을 제공한다.
통제기능	구성원의 행동을 조정하고 통제한다.

3) 커뮤니케이션의 중요성

미국 카네기재단의 조사에서 '직무 수행의 성공에 있어 기술적인 지식은 15% 공헌하지만 인간관계 기능은 85% 공헌한다.'는 조사결과가 있으며,

하버드 대학 직업지도부에서 조사한 "현재 당신의 행복을 결정하는 조건을 한 가지만 든다면 어떤 것을 들 수 있습니까?"라는 설문조사에서는 "인간관계가 행복을 결정한다."는 대답이 가장 많이 나왔다. 이것은 사회생활 중에 인간관계가 얼마나 중요한지를 보여주는 것이라 할 수 있으며, 현대사회에서 커뮤니케이션을 잘하느냐, 못하느냐가 인간관계의 성패를 좌우할 만큼 중요하다는 것을 시사하고 있다.

사회적 동물인 사람은 정상적인 인간관계를 통해서 인간관계가 좋을 때 삶의 가치를 느끼게 되고, 자신의 존재를 인정받음으로써 행복을 느끼게 된다. 이러한 인간관계의 기본 수단은 커뮤니케이션이며, 원만한 인간관계를 형성하고 유지하려면 커뮤니케이션 능력을 유지하기 위한 지속적인 노력이 필요하다. 더불어 타인의 마음을 상하게 하는 것이 무엇인지 이해하고, 유대를 강화하며, 상대방을 배려하는 정신이 필요하다.

"이제 더 이상 열심히 일하는 것만이 우리의 소원을 이루는 열쇠가 아니다."

현대적인 성공 철학을 정의한 베스트셀러 『카네기 인간관계론』의 저자인 데일 카네기(1888~1955)는 복잡하고 도시적인 관료주의 사회에서 사람을 다루는 능력이야말로 성취와 지위, 번영의 열쇠라고 강조하며, 현대사회에서는 타인과 잘 어울리고 관료주의 환경에서 매끄럽게 일하며 집단에서 리더십을 발휘하는 것이 성공을 좌우한다고 하였다. 카네기의 엄청난 영향력은 단순하지만 심오한 메시지에서 나왔다. 성공하고 싶다면 호감 가는 성격을 만들고 타인의 심리적 욕구를 이해하라는 것이다. 그것이 바로 복잡한 현대사회에서 부와 지위를 손에 넣는 열쇠였다. 이처럼 단호한 성품과 엄격한 도덕성이 아닌 인간관계의 중요성을 강조하는 『카네기 인간관계론』의 조언은 실로 폭발적인 반응을 일으키게 되었고, 카네기는 이 책을 통해 오래전 토머스 제퍼슨이 제창한 '행복의 추구'라는 말의 의미를 정의함으로써 20세기 가장 영향력 있는 인물로 자리매김했다.

2 커뮤니케이션의 효과 결정요인

커뮤니케이션의 과정과 구성요소를 설명하는 모델에는 쉐논과 위버(Shannon & Weaver, 1949)의 커뮤니케이션 모델, 벌로(Berlo, 1960)의 SMCR모델, 로저스와 킨케이드(E. Rogers & L. Kincaid, 1981)의 의미수렴 모델 등이 있다. 일반적으로 통용되는 커뮤니케이션 과정 모델인 쉐논과 위버 모델을 중심으로 커뮤니케이션에 영향을 미치는 요인에 대해 살펴보면 다음과 같다.

1) 전달자(Sender) 부호화(Encoding)

전달자는 아이디어나 정보를 제공하거나 의사를 전달하는 사람이다. 전달자의 전달 의도와 내용이 커뮤니케이션의 시발점이 된다. 전달자는 자신의 의도와 내용을 각색하고 부호화하여 수신자에게 정확하게 메시지가 전달되도록 하는 노력이 필요하다.

부호화 과정에서는 전달자의 의도를 반영할 수 있는 적절한 매개수단이 필요하다. 상징체계에는 말이나 문자와 같은 언어적 상징과 얼굴표정, 말하는 속도나 음의 고저, 자세, 제스처와 눈빛과 같은 비언어적인 상징이 있다.

보내는 사람(전달자)에 원인이 있어 의사소통이 이루어지지 않는 경우

① 시점을 못 맞출 때 (예. 받는 사람이 다른 일에 몰두해 있을 때)
② 의사소통 방법을 잘못 선택했을 때 (예. 말 대신 글)

③ 불쾌한 말투로 전달할 때
④ 의미가 명확하지 않은 단어나 부적절한 단어를 사용할 때
⑤ 말의 내용과 상반되는 표정이나 제스처를 사용할 때

2) 메시지(Message)

메시지란 전달자가 수신자에게 전하려는 내용으로 부호화된 결과이며, '상대방을 이해시키려는 의도에서 만들어내는 신호'라고 할 수 있다. 그렇기에 메시지가 명확할수록 커뮤니케이션의 효과가 높아진다.

메시지는 한 가지 종류가 아니며 반드시 언어를 통해 일어나지도 않는다. 물론 언어가 가장 손쉽고 효과적인 방편이지만 인간은 자신이 목소리를 이용하거나, 몸을 이용해서 메시지를 만들어내는 능력을 타고났기 때문에 손짓이나 발짓, 얼굴 표정 등 비언어로 간단히 메시지를 만들어 보내거나 이해할 수도 있다. 또한 문자나 그림, 상징 등도 훌륭한 커뮤니케이션의 수단이 된다.

메시지에 원인이 있어 의사소통이 이루어지지 않는 경우

① 너무 길다.
② 받는 사람이 정확히 내용을 파악할 수 없을 정도로 축약되어 있다.
③ 구체적이지 않고 모호하다.
④ 완전하게 전달될 수 없을 정도로 짧은 시간에 전달이 이루어졌다.

3) 매체(Channel)

매체는 어떤 경로를 거쳐 수신자에게 전달되느냐 하는 커뮤니케이션의 경로를 말한다. 매체에는 면담, 회의와 같은 직접 경로가 있으며, 이러한 경로에서는 음성과 시각이 중요하다. 또한 메신저나 이메일, 화상회의와 같은 간접 경로가 있다.

매체는 메시지 전달에 적합한 것이어야 한다. 즉, 전달내용이 무엇이냐에 따라 매체 선정을 다르게 해야 정확하고 효과적인 커뮤니케이션이 이루어질 수 있다.

4) 수신자(Receiver)와 해석

효과적인 커뮤니케이션을 위해서는 전달자의 메시지가 수신자에 의해 정확하게 해석되고, 그 의미가 전달자의 의도대로 받아들여져야 한다. 수신자는 메시지와 연관된 자신의 역량이나 과거 경험, 가치관, 신념 등에 따라 전달자의 메시지를 해석하고 수용하게 된다. 해석된 메시지가 전달자의 의도와 일치할수록 서로를 이해하게 됨으로써 커뮤니케이션의 효과는 증진된다.

받는 사람(수신자)에 원인이 있어 의사소통이 이루어지지 않는 경우

① 바쁘거나, 다른 생각에 사로잡혀 있거나, 멍하니 있을 때
② 메시지를 잘못 이해했을 때
③ 보내는 사람에 대하여 좋지 않은 감정이 있을 때
④ 메시지가 무엇인지 다 알고 있다고 생각하여 주의를 기울이지 않을 때
⑤ 피곤할 때

5) 피드백(Feedback)

피드백은 전달 내용에 대한 수신자의 반응으로 수신자의 의견제시나 특정한 행동을 말한다. 만약 내게 누군가 농담을 하면 웃음을 띠게 되는 것과 같은 것이다. 만약 자신의 의사를 전달할 때마다 상대방이 무반응으로 일관하거나 회신에 많은 시간이 소요되는 경우 대인관계이든 비즈니스 관계이든 간에 모두 악화될 가능성이 높다. 따라서 메시지가 전달되었을 때 수시로 즉각적인 피드백을 하는 것은 관계를 유지하고 강화하는 데 매우 중요하다.

피드백에 원인이 있어 의사소통이 이루어지지 않는 경우

① 보내는 사람이 의도한 대로 메시지가 전달되었다고 단순하게 생각할 때
② 보내는 사람이 피드백 자체에 무관심하거나 피드백받는 것을 싫어할 때
③ 받는 사람이 보내는 사람에게 피드백을 전달하지 않았거나 전달하려 했다 해도 제대로 전달되지 않았을 때

3 커뮤니케이션의 종류

1) 언어적 커뮤니케이션

언어적 커뮤니케이션은 커뮤니케이션의 가장 기본이 되는 것으로 정보와 의사전달에 있어 가장 빈번히 사용되는 방법이다. 대면적인 접촉을 통해 즉각적인 피드백과 의문을 제기할 수 있으며, 요점을 분명히 할 수 있고, 전달속도가 빠르다는 장점이 있다. 그러나 의미를 전달하는 데 있어 잘못된 단어를 선택하거나 소통과정의 잡음으로 인해 의미가 부정확하게 전달되거나 주어진 메시지를 수신자가 자의대로 해석하는 경우에는 언어적 커뮤니케이션의 장애가 발생할 수 있다.

그러므로 효과적인 언어적 커뮤니케이션이 이루어지기 위해서는

첫째, 추상적이고 애매모호한 단어가 아닌 객관적이고 명확한 언어를 사용한다.

둘째, 상대방의 외형으로 선입관을 형성하여 이에 근거한 커뮤니케이션을 하지 말아야 한다.

셋째, 상대방이 이해하지 못하는 전문용어의 사용을 자제해야 한다.

가. 구두에 의한 커뮤니케이션의 유형

- 구두에 의한 커뮤니케이션은 커뮤니케이션의 가장 기본이 되는 것으로 정보와 의사전달에 있어 가장 빈번하게 사용되는 방법이다. 여기에는 대화, 지시, 명령, 회의 등이 있다. 장점은 메시지를 주고받을 때 특별한 도구나 시간이 필요하지 않고, 바로바로 이루어지며, 쌍방소통이 가능하고 시간소요가 적다는 것이다. 단점은 기록이나 유지가 불가능하고 정확성이 부족하다는 것이다.

나. 문서에 의한 커뮤니케이션의 유형

- 대부분의 커뮤니케이션은 구두에 의해 이루어지나 전달 내용이 중요하거나 기록으로 남겨야 할 때 선호한다. 기록에 의한 커뮤니케이션의 방법은 편지, 보고서, 메모, E-mail 등이 있다. 장점은 정확성이 높고 기록유지가 가능하다는 것이며, 단점은 메시지를 보내놓고 답을 받을 수 없는 경우도 발생하여 일방적인 의사소통이 될 수 있다는 점이다.

2) 비언어적 커뮤니케이션

비언어적 커뮤니케이션은 구두 혹은 문서화된 언어를 사용하지 않고 메시지를 전달하는 커뮤니케이션으로, 얼굴 표정, 눈맞춤, 제스처, 신체언어(Body-Language) 등이 포함된다.

Birdwhistell(1955)에 의하면 커뮤니케이션 과정에서 65% 이상이 비언어적 메시지로 전달되며 35%만이 언어적 메시지로 전달된다고 하였으며, Mehrabian(1969)은 정서 커뮤니케이션의 7%만이 언어 채널에 의해 이루어지고 93%가 비언어 채널에 의해서 이루어진다고 하였다. 이처럼 비언어적 커뮤니케이션은 정보가 전달되는 상황과 해석에 대한 중요한 정보를 제공하며, 언어와 더불어 여러 가지 기능을 수행한다. 하지만 비언어적 표현을 상대방이 추측에 의해 잘못 해석할 수 있고, 정확한 메시지를 전달하지 못하는 경우가 발생하며, 기록이나 유지가 불가능하다는 단점이 있다.

4 조해리 창문(Johari's Window)

<table>
<tr><td colspan="2" rowspan="2">나에 대해서</td><td colspan="2">내가</td></tr>
<tr><td>안다</td><td>모른다</td></tr>
<tr><td rowspan="2">남이</td><td>안다</td><td>① 나도 알고 남도 안다.
(Open)</td><td>② 나는 모르는데 남은 안다.
(Blind)</td></tr>
<tr><td>모른다</td><td>③ 나는 아는데 남은 모른다.
(Hidden)</td><td>④ 나도 모르고 남도 모른다.
(Unknown)</td></tr>
</table>

조해리 창문은 커뮤니케이션을 이해하기 쉽게 도형으로 설명한 것이다. 조세프(Joseph Luft)와 해링턴 잉햄(Harrington Ingham)이 고안한 것으로, 두 사람의 이름을 따서 조해리 창문(Johari's Window)이라 부르게 되었다. '조해리의 창(Johari's window)'은 자아 노출이 어떻게 이루어질 때 커뮤니케이션이 확대되는지를 보여준다.

1) 열린 자아(open-self)

굳이 따로 노출하지 않아도 사람들이 쉽게 알 수 있는 부분으로 의식적으로 하는 말과 행동, 성별, 나이, 외모, 출신 학교, 직업에 관한 정보 등이 있다.

- 나도 알고 남도 아는 영역으로 자유로운 영역이다. 이곳에서는 개인에 관한 정보가 타인에게 공개적으로 개방되어 있다. 이 첫 번째 영역이 가장 넓게 나오는 사람은 개방형으로 공개적 영역이 가장 넓은 사람이다. 개방형은 대체로 인간관계가 원만하다. 이들은 적절하게 자기표현을 잘할 뿐만 아니라 다른 사람의 말도 잘 경청할 줄 아는 사람이기에 인기가 있다. 그러나 지나치게 공개적 영역이 넓은 사람은 자칫 '주책스럽다.'라는 말을 들을 수도 있다.

2) 숨겨진 자아(hidden-self)

본인 스스로 공개를 꺼리고 비밀에 부치는 부분으로 본인의 단점, 성적, 애정 관계나 소득에 관한 정보 등이 있다.

- 나는 나 자신에 대해 잘 알고 있으나 다른 사람들은 모르는 상황과 관련된다. 나에 관한 정보는 남에게 알리지 않고 다른 사람이 알지 못하도록 숨긴다. 또한 남들이 나의 프라이버시를 침범하는 것을 방어함으로써 이 영역을 지키고자 한다. 이 두 번째 영역이 넓은 사람은 신중형으로 다른 사람에게 신중한 사람들이다. 다른 사람의 이야기는 경청하지만 자신의 이야기는 잘하지 않는 유형으로 계산적이고 치밀한 사람들이 많다. 이러한 신중형은 사회에 잘 적응하지만 내면적으로 고독감을 느끼는 경우가 많으며 요즘 현대인에게 가장 많은 유형이다.

3) 눈먼 자아(blind-self)

상대방은 알고 있으나 정작 자신은 모르는 부분으로 남의 얘기를 통해 나의 성격을 새롭게 발견하는 경우 등이 이에 해당한다. 주로 친한 친구나 애인, 오래된 동료가 발견하는 경우가 있으며, 나의 목소리, 나의 언어적 행동, 나의 태도, 습관, 자주 쓰는 단어 등이 있다.

- 자신이 볼 수 없는 부분이다. 나에게는 알려져 있지 않으나 상대에게 알려져 있는 정보가 여기에 속한다. 이 영역이 가장 넓은 사람들의 유형은 자기주장형으로 자신의 기분이나 의견을 느끼는 그대로 표현하여 솔직하고 시원시원한 사람으로 보여질 수 있다. 그러나 이 유형은 다른 사람들의 의견을 무시하거나 다른 사람들의 반응에 둔감해서 때로는 독단적이며 독선적인 모습으로 비쳐질 수 있다.

4) 모르는 자아(unknown-self)

자신은 물론 남들도 알 수 없는 미지의 부분으로 내면세계에 존재한다.

- 이 네 번째 영역이 가장 넓은 사람은 고립형이 있다. 이들은 인간관계에 소극적이며 혼자서도 잘하는 사람들이다. 다른 사람과 접촉하는 것을 불편해 하거나 무관심하여 오히려 혼자 생활하는 것을 더 편해한다. 이런 유형 중에는 고집이 세고 주관이 지나치게 강한 사람도 있고, 부적응적인 삶을 살아가는 사람들도 있다. 이러한 네 가지 영역들은 대인관계에 따라 변화하면서 커뮤니케이션을 확대 혹은 축소시킨다. 커뮤니케이션 상황을 만나기 전 중립적인 상태에서는 네 가지 자아영역이 모두 같은 크기이나 커뮤니케이션이 진행되면서 각 영역의 크기가 변화한다.

상대방과의 상호작용 결과 긍정적인 느낌과 함께 공감대가 형성되면, 자신에 대한 정보를 타인에게 제공하는 양이 많아지기 때문에 숨겨진 자아가 줄고 대신 열린 자아가 늘어난다. 또 상대방의 피드백을 통해 전달되는 정보를 바탕으로 눈먼 자아가 줄어들고, 그만큼 열린 자아의 영역이 넓어진다. 즉 자아 노출과 피드백이라는 두 가지 요소가 열린 자아의 영역을 크게 확장시키는 것이다. 물론 상호작용이 부정적인 느낌을 주거나 생소한 관계에서는 숨겨진 자아의 영역이 더 증가하게 되어 커뮤니케이션이 원활하게 진행되지 않는다.

일반적으로 열린 자아의 영역이 늘어날수록 커뮤니케이션이 확대되면서 대인관계 또한 증진된다. 그러나 자아 노출은 상황에 따라 매우 다르기 때문에 어느 정도가 적절한지에 대한 일률적인 해답은 없다. 자아 노출을 너무 적게 하면 원활한 커뮤니케이션을 할 수 없으며 자아 노출을 많이 하면 사생활 노출이라는 부정적 효과도 있기 때문이다. 그렇기에 사회생활을 하는 인간은 그리 많지도, 그리 적지도 않은 적정 수준의 노출이 필요하며, 이에 대한 판단은 전적으로 우리 자신에게 달렸다. 현재의 상황이 어느 정도의 노출을 필요로 하고, 과연 그만큼 노출을 해도 좋을지 스스로 점검하는 올바른 자기 감시(self-monitoring) 자세가 필요하다.

CHAPTER

09

대화법

❶ 대화의 다섯 가지 원칙

❷ 경청하기

❸ 말하기 스킬 - 화법

❹ 바른 대화 자세

CHAPTER

09

IMAGE MAKING

대화법

대화의 목적은 무엇인가? 그것은 좋은 인간관계를 맺기 위한 것이다. 그러므로 자신감을 갖고 자신을 표현하는 것이 무엇보다도 중요하다. 그 중에서도 가장 확실히 자신을 표현할 수 있는 것은 '말'이다. 특히 마음속에서 우러나오는 말은 다른 사람과 교감을 이루게 하고 많은 사람에게 감동을 줄 수 있으므로 그 마음이 전달되도록 바르게 표현하는 것은 매우 중요하다.

눈이 마음의 창이라고 한다면 입은 인격의 창이다. 즉, 말은 이야기하는 사람의 인품을 나타내며 사상을 담고 있다. 대화할 때에는 말을 하는 것보다 듣는 습관을 길러야 한다. 인간이 귀가 둘이고 입이 하나인 이유가 듣는 것을 더 소중히 하라는 이유라는 얘기도 있다. 단순히 귀만 여는 것이 아니라 마음의 문을 연다는 생각으로 대화에 임하는 것이 올바른 듣기의 자세라 하겠다. 바르게 말하고 바르게 듣는 법, 무엇보다 중요한 대화 매너를 바로 알고 지키는 것이 올바른 인간관계 형성에 중요하다.

1 대화의 다섯 가지 원칙

대화의 원리는 간단하다. 상대가 싫어하는 행동을 하지 않고, 상대가 좋아하는 행동을 하는 것이다. 이를 위해 말 자르지 않기, 평가 · 조언 · 충고 미루기, 관심 유지하기, 표현하기, 핵심 파악하기의 다섯 가지 대화 원칙을 실천해야 한다.

가. 말 자르지 않기

- 대화할 때에는 상대의 말을 끊지 말고, 상대가 말을 마칠 때까지 기다리는 것이 기본 예의이다. 상대방이 말하고 있을 때 습관적으로 끼어들어 자기말을 하는 사람이 있다. 이야기하는 중간에 상대방으로부터 제지를 받고 좋아할 사람은 없으므로 "70%를 듣고, 30%를 말한다."라는 규칙을 지키며 대화하는 것이 중요하다.

나. 평가 · 조언 · 충고 미루기

- 대화할 때에는 먼저 상대방의 감정과 상황, 의견을 파악하려고 노력해야 한다. 그러기 위해서는 상대방에게 무슨 말을 할지 미리 생각하지 않고, 상대방의 이야기를 끝까지 듣고 판단하는 것이 좋다. 그 후 평가 · 조언 · 충고를 해도 늦지 않다. 내 머릿속이 복잡하면 다른 사람의 말에 집중할 수 없다.

다. 관심유지하기

- 대화할 때에는 상대방의 말을 적극적으로 관심 있게 듣는 것이 필요하다. 비록 자신이 알고 있는 이야기이거나 흥미가 없는 내용이라도 인내를 가지고 들어주는 노력을 해야 한다.

라. 표현하기

- 다른 사람의 이야기를 들을 때 눈을 마주보거나, 말로 반응을 보이거나 고개를 끄덕이며 상대의 말을 적극적으로 듣고 있다는 것을 표현한다.

마. 핵심 파악하기

- 상대방의 말을 경청하면서 상대가 말하고자 하는 핵심 내용이 무엇인지, 진짜 말하고자 하는 바가 무엇인지 등을 알아차리려는 노력이 필요하다. 또한 상대방 말의 핵심을 파악하기 위해 반복, 환언, 요약 등의 적극적 경청기법을 활용하는 것이 도움이 된다.

2 경청하기

상대를 설득할 수 있는 최선의 방법은 그의 주장에 '귀'를 기울이는 것이다. 그의 주장에 귀를 기울인다면 그 사람을 알 수 있다. 아무리 물건을 판매하는 세일즈맨이라도 자기 물건을 판매하기 위해 상품 설명만 하다 보면 고객을 놓치기 마련이다. 대신 고객의 생각이나 주장에 귀를 기울여 줄 때 설득을 위한 단계로 더 빨리 다가갈 수 있다.

토크쇼의 황제로 알려진 방송인 래리 킹은 자신의 성공비결에 대해 초대 손님의 말을 잘 듣는 데 있다고 이야기한다. 그가 이야기하는 대화의 첫 번째 황금률은 바로 '경청'이다. 나보다는 너, 즉 상대방의 말을 먼저 듣는 과정이 있어야 자신과는 다른 관점의 의견도 있음을 느낄 수 있고, 자신이 어떤 말을 해야 할지에 대해서도 다시 한 번 생각할 수 있기 때문이다.

효과적인 경청을 위해서는 상대방이 전하는 메시지의 핵심을 읽어낼 수 있어야 한다. 또한 상대가 말하는 것 이면에 숨어 있는 메시지까지 놓치지 말고 읽어내야 한다. 이렇게 타인의 말을 잘 들어주려면 꾸준한 연습이 필요하다.

● **경청하기 위한 10가지 방법**

- **개방성** : 다른 사람을 설득하려 하지 말고 먼저 그의 생각을 받아들인다.
- **너그러움** : 당신이 옳다는 것을 증명하기보다는 함께 좀 더 나은 지식을 찾기 위해 노력한다.
- **관용** : 극단적인 표현은 삼가고 그 진위를 증명할 수 없는 궁극적인 진리를 근거로 주장하지 않는다.
- **세분화** : 허용될 수 없는 일반화와 확실하지 않은 지식은 사용하지 않는다.
- **균형** : 너무 많이, 그리고 너무 오래 말하지 말고 늘 대화 상대를 살핀다.
- **현재성** : 상대방과 교감상태를 유지하며 상대의 말을 진심으로 경청한다.
- **동감** : 상대방의 입장과 처지를 이해하며 논리적으로 지적하고 추궁하지 않는다.
- **구체화** : 자신을 움직이는 동기에 대해 구체적으로 말한다. 비약하지 말고 차근차근 설명하며 전문적인 학술용어를 쓰지 않는다.
- **동등권** : 대화에서 다른 사람과 평등한 관계를 유지하며 상대방을 시험하는 듯한 태도를 취하지 않는다.
- **공간과 시간의 허용** : 상대의 말을 끊으며 자기 주장을 강요하지 않는다.

[카이 롬하르트, 『지식형 인간』 中]

1) 경청의 종류

가. 소극적 경청(침묵)

- 아무런 말도 하지 않는 것은 수용한다는 것을 말해주는 것이다. 소극적 경청은 상대방으로 하여금 더 많은 이야기를 털어놓도록 격려해주는 효과적인 비언어적 메시지이다. 본인이 말을 많이 하면 상대방

은 자신의 문제를 이야기할 수 없다. 내가 침묵하면서 상대방의 이야기를 수용하며 경청하면 공감과 온정을 전달할 수 있다.

나. 승인 반응

- 청자는 상대방이 이야기하는 동안에 깊은 관심을 기울이고 있다는 메시지를 전달해주어야 한다. 고개를 끄덕이는 것, 몸을 약간 상대방 쪽으로 기울이는 것, 미소 짓는 것, 그 외의 몸짓을 적절히 사용하면 상대방으로 하여금 내가 정말 듣고 있다는 사실을 느끼게 해준다. "아, 그랬군요.", "오, 그랬어요?" 등과 같은 짧은 언어적인 메시지를 보내줌으로써 상대방의 이야기를 더 끌어낼 수 있다.

다. 말문을 열게 하는 반응

- 이것들은 상대방에게 화자의 시간을 할애하여 듣기를 원한다는 것을 알려주는 데 효과적이다. 상대방이 이야기를 꺼내도록 하기 위하여, "그것에 대하여 좀 더 이야기해줄래요?", "그것 참 재미있네요. 계속 해보세요."와 같이 말하는 것들이다. 이런 메시지들의 특징은 "예, 아니요."로 대답하는 대신 끝이 열린 질문 및 진술로서 자신의 생각을 이야기할 수 있도록 해준다.

라. 적극적 경청

- 침묵, 승인, 말문을 여는 반응 등에는 한계가 있다. 즉, 많은 상호작용이 일어나지 않는다. 효과적인 경청은 훨씬 더 많은 상호작용을 일으킬 수 있어야 하고 일방적으로 단순히 듣기만 하는 것이 아니라 상대방의 속마음을 정확히 이해하고 그 증거를 제시할 수 있어야 한다.

남의 얘기를 적극적으로 들어준다는 것은 대인관계에서 상당히 중요한 역할을 한다. 적극적 경청을 위해 상대방이 한 말을 되풀이해서 말하고(반복), 내용을 다른 표현으로 재정리하며(환언), 핵심사항을 재언급하는(요약) 등의 방법으로 확인하는 것이 중요하다.

2) 효과적인 경청방법

가. 상대의 말에 집중하기

- 효과적인 경청을 위해서는 무엇보다 상대와의 대화에 있어 건성으로 듣지 않고 정신을 집중해서 듣는 것이다. 상대의 위치가 되어 진지한 자세로 듣는 것이 무엇보다 중요하다. 그리고 상대가 말하는 것을 끝까지 경청하고 중간에 끼어들거나 말을 끊지 않도록 한다.

나. Eye contact하기

- 대화 중의 시선은 상대를 바라보고 있어야 한다. 상대의 눈을 바라본다는 사실은 상대에게 집중하여 경청하고 있다는 무언의 의사표시가 되므로 대화 중에는 항상 상대의 눈을 맞추어 상대의 말을 진지하게 경청하고 있다는 것을 전달할 수 있도록 한다. 이때 상대의 눈을 맞추는 것이 불편하다면, 상대의 얼굴, 미간, 턱 끝, 정수리, 혹은 목의 V-zone 부분을 보면 훨씬 편안하다.

다. 맞장구치기

- 대화를 잘하는 사람은 말을 잘하는 사람이 아니라 잘 들어주는 사람이라는 말이 있다. 1,2,3화법은 1분간 말하고 2분간 들어주고 3번 이

상 맞장구 쳐주는 기법으로 전체 대화의 70%는 경청하며 맞장구치는 데 집중하라는 내용이다. 맞장구를 치면 상대는 더욱 많은 이야기를 하게 되기 때문에 상대의 말을 듣는 중에도 그냥 아무 반응 없이 듣기만 하는 것이 아니라 중간중간에 '정말입니까?', '아, 그래요?' 등의 맞장구로 반응을 보이는 것이 좋다. 가벼운 맞장구를 통해 상대방의 의견에 대해 공감이나 감정을 표현하여, 상대방의 기분을 북 돋아주고 대화를 유쾌하게 만들어갈 수 있다. 고개를 끄덕이거나 눈 맞춤, 고개를 갸우뚱하는 행동인 맞장구를 쳐주는 화법이 필요하다.

라. 적절한 질문하기

- 상대가 말할 때 듣기만 하는 것도 좋지만 대화에 의문이 나는 사항은 대화 중에 적절한 질문을 하여, 상대방의 의도와 신념, 입장, 계획 등을 정확히 알아보는 것이 필요하다. 따라서 한 사람의 일방적인 연설과 같은 대화는 지양하고, 질문을 통해 자신의 관심을 표현하면서 대화를 더욱 흥미롭게 이끌어 나가는 것이 좋다.

마. 공감의 확인

- 대화가 끝날 시점이 되면 두 사람이 어떤 사안에 대해 의견의 일치, 혹은 공감을 하게 되었는지 아니면 그렇지 않은지가 확인되어야 한다. 상호 간 의사소통을 통해 공감대를 형성하는 것은 상대와의 감정이입을 더욱 효과적으로 이끌어주므로 대화 중의 공감대 확인은 서로의 관계를 더욱 친근하게 만들어준다는 것을 명심하자.

바. 반복하기

- 상대방이 한 말의 일부를 반복하는 것은 상대방에게 그의 말을 "경청하고 있다, 이해한다, 계속해라"는 메시지를 준다. 상대방이 강조해서 한 말이나 중요한 부분이라고 생각되는 곳을 반복하면 상대방과 소통하는 데 도움이 된다.

사. 요약하기

- 요약은 상대방이 말한 내용의 핵심을 압축하여 짧게 말하는 것으로 종합적인 확인이라고 할 수 있다. 요약을 잘하면 상대방으로 하여금 자신의 말과 심정을 간단명료하게 이해할 수 있도록 돕는 결과를 가져올 수 있다.

3 말하기 스킬 – 화법

현대사회를 '대화의 시대' 또는 '협상의 시대'라고 규정짓는 것은 대화를 단순히 의사소통만을 위한 방편뿐만 아니라, 대화를 통해서 타인과 잘 교섭하고 사람의 마음을 움직이게 함으로써 한 개인이나 기업의 성공이 좌우되기도 하기 때문이다. 뿐만 아니라 대화는 말하는 사람의 인격과 그 사람의 능력 또는 가치관, 세계관 등을 나타내기도 하고 자신의 내면세계를 타인에게 전달하는 자기표현의 중요한 수단이다. 그러므로 올바른 대화의 요령이나 표현법을 익혀 사회생활에서 원만한 인간관계를 이루고 더욱 호감 가는 이미지를 만들도록 한다.

1) 긍정화법

긍정적인 단어를 많이 사용하면 상대에게 좋은 인상을 심어줄 수 있고 이러한 모습들이 모여 나의 이미지가 된다. 상사로부터 "OOO씨, 이거 좀 도와줄래요?" 등의 부탁을 받았을 때 "지금 다른 업무 중이라 안 됩니다."라고 바로 거절하는 것보다 "지금은 안 되지만 30분 뒤에 해드려도 괜찮으시겠어요?" 또는 "하고 있는 일을 마무리하고 도와드리겠습니다."라는 긍정적인 표현을 사용하는 것이다. 또한 "신분증을 사본으로 보내주지 않으면 처리가 안 되는 상황입니다."라고 부정적인 멘트를 하는 것이 아니라 "신분증에 사본을 보내주시면 처리가 가능합니다."라는 긍정적인 멘트를 사용하는 것이 긍정화법이라고 볼 수 있다. 즉, 긍정의 대답은 나를 긍정적인 사람으로 만들어주고, 나의 전문성을 높일 수 있다. 그리고 "불가능하다."는 말의 언급보다는 "가능하다."라는 멘트를 더 많이 사용하기 때문에 상대방으로 하여금 업무 처리에 신뢰를 느끼게 할 수 있다.

2) 레어드 화법

심리학자 레어드 화법을 말하는 것이다. 사람은 누구나 자신의 의지로 움직이고 싶어 하며 타인으로부터 지시나 명령을 들으면 마음속에 저항심이 생긴다. 함께 의논해야 하는 상황에서 '이렇게 하세요.'라고 하지 않고 '이렇게 하는 것이 어떻습니까?'라고 상대방의 의견을 구하면 거부감을 불러일으키지 않고 자신의 의견을 적절히 제시할 수 있다. 해결방안을 모색하는 것처럼 결정권은 타인에게 맡기되 필요한 경우 의뢰형 문장으로 부드럽게 리드할 수 있다.

"~해주시겠습니까?", "~해주시면 감사하겠습니다." 등의 의뢰형이나 청유형 형식으로 바꾸어주어 부드럽게 표현하면 상대방으로 하여금 존중받는다는 느낌 또한 줄 수 있다.

예

~해주시겠습니까?
~알려주시겠습니까?
~말씀해주시겠습니까?
~괜찮으시겠습니까?

3) 쿠션언어(Cushion 화법)

쿠션화법은 쿠션의 역할처럼 충격을 흡수하여 말을 부드럽게 만드는 화법이다. 자기가 원하는 것을 직설적으로 말하는 것이 아니라 "실례합니다."와 같은 쿠션언어를 덧붙임으로써 표현을 조금 더 부드럽게 만들어준다. 특히 부정적인 답을 해야 하거나 부탁을 할 때 "괜찮으시다면", "바쁘시겠지만…", "죄송합니다만~" 등의 쿠션언어는 그 다음 내용을 부드럽게 연결시켜 관계를 좋게 할 수 있는 촉매제가 된다. 더불어 상대방에 대한 세심한 배려와 정성이 느껴지며 듣는 사람에게 신뢰감과 존중받는 느낌을 줄 수 있는 방법이다.

예

실례합니다만~ 죄송합니다만~ 공교롭게도~
바쁘시겠지만~ 번거로우시겠지만~ 괜찮으시다면~ 양해해주신다면~

4) Yes/But 화법

대화를 성공적으로 이끌기 위해서는 우선 상대방의 얘기에 '아니요'의 부정적인 'but'보다는, 맞장구를 쳐주는 식의 긍정의 'yes'로 들어주고, "그러나 내 생각은 이렇다" 식으로 진행되면 그 대화는 성공적으로 마무리할 수 있다.

이와 같이 Yes/But 화법은 의견차이가 있을 때 상대의 기분을 상하게 하지 않으면서 자신의 의견을 제시하는 화법이다. 'Yes'에서 공감을 한 다음 'But' 이하에서 어떤 내용으로 자신의 주장을 펼치느냐가 중요하다. "당신은 틀렸다. 내 말이 옳다."라는 말을 Yes/But 화법으로 바꾸면 "당신의 말도 일리가 있다. 하지만 내가 알고 있는 사실은 이렇다."와 같다. 상대방의 주장이 분명히 잘못되었고, 자신의 주장이 옳다는 확신이 있어도 이를 노골적으로 표현하지 말고, 상대의 의견에 공감한다는 요지로 존중해주고 자신의 의견이 옳다고 말하는 대신 상대와 다르다는 점만 밝히는 것이 Yes/But 화법의 중심이다.

"아니요./No."를 함부로 던지지 말자. 거절해야 하는 순간이나 반론을 제기해야 하는 순간에도 딱 잘라서 '안 돼'로 시작해서 독선적인 느낌을 주기보다는 우선 "네, 그 의견도 일리가 있지만~"으로 시작하며 상대의 의견을 존중하는 태도를 보여주자.

5) 아론슨 화법

아론슨은 미국 심리학자의 이름이다. 이 화법에 대해 연구해서 아론슨 화법으로 불린다. "가격은 비싸지만 품질은 정말 좋다"와 같이 어떤 대화를 나눌 때 부정과 긍정의 내용을 혼합해야 하는 경우 기왕이면 부정적인 내용을 먼저 말하고 끝날 때는 긍정적 의미로 마감하면 전체적 대화 이미지가 좋아지게 된다는 것으로 특히 고객 응대 시에 효과적인 화법이다.

예

고객님, 이 제품의 가격은 비싸지만 품질이 아주 뛰어납니다.
지금은 부족하지만, 노력하겠습니다.

6) '나' 메시지(I-message)와 '너' 메시지(You-Message)

'나' 메시지는 P.E.T의 창시자인 토머스 고든(Thomas Gordon)이 고안한 용어이며, '나' 메시지(I-message)는 '나-전달법'이라고도 한다. 또는 '나-진술문(I-statement)'이라고도 한다. '나' 메시지는 주어를 '나'로 하여 그 느낌을 가지게 된 책임이 상대방에게 있지 않고, 자신에게 있다는 것을 전제로 하면서 자신의 느낌을 표현하는 것이다. 즉, 나에게 어떤 행동을 주었는지 이야기하는 화법으로서, 표현하는 형식은 상황(상대방의 행동)-결과(나에게 미친 영향)-느낌(나의 느낌)이 된다. 이 방법은 상대방의 행동을 비난하지 않으면서 자신의 진실한 마음과 감정을 드러내줄 수 있다. 또한 인신공격을 하지 않으면서도 상대방의 잘못된 행동을 긍정적으로 알려주기 때문에 나쁜 상황으로 가지 않게 한다. 이 기술은 대인관계에서 매우 중요한 기술이다.

- 나는 자네가 보고서를 완성하지 않을 걸 보니(**행동**), 좀 당황스럽네(**느낌**). 그로 인해 내가 해야 할 일들이 자연스레 늦어지게 되었으니 말일세(**영향**).
- 자전거를 차고 앞에 놓아두면(**행동**), 나는 주차를 할 수가 없습니다(**영향**). 이런 일이 반복되니 당황스럽습니다(**느낌**).
- 내가 저녁 뉴스를 보고 있는데 네가 떠들면(**행동**), 나는 정말 짜증이 난다(**감정**). 왜냐하면 나는 뉴스에서 무슨 소리를 하는지 들을 수가 없거든(**영향**).

당신이 지난 한 해 동안 실시한 업적을 정리하여 여러 중역들 앞에서 발표하고자 하는데, 발표내용에서 부하가 작성한 보고서의 숫자가 틀려서 곤욕을 치렀다. 이때 당신은 어떻게 반응을 보이겠는가?

대부분의 경우 "당신이 틀렸어. 당신 때문에 내가 망신을 당했잖아."처럼 너-메시지를 사용한다.

우리는 상대방의 행동이 문제가 되어 나 자신의 감정이 불쾌해질 경우, 대부분 '너'를 주어로 사용하여(You-Message) 문제해결을 시도하려고 한다.

'너' 전달법은 의사표현을 "너는… 하다"라는 표현을 사용하여 상대방의 마음에 상처를 주어 상호관계를 파괴할 가능성이 있고 상대방에게 일방적으로 강요하거나 공격하는 느낌을 준다. '너'를 주어로 하는 상대방의 행동에 대한 비평은 '나'메시지와는 대조적인 대화방식으로 상대방에게 일방적으로 강요받고 비난당하는 느낌을 줄 수 있기에 생산적인 의사소통과 인간관계에 방해가 될 수 있다.

● 〈나-메시지와 너-메시지 비교〉

구분	나-메시지(I-message)	너-메시지(You-Message)
개념	'나'를 주어로 상대방의 행동에 대한 자신의 생각이나 느낌 · 의견을 표현하는 대화법	'너'를 주어로 상대방의 행동에 대한 자신의 생각이나 감정 · 의견을 표현하는 대화법
표현	아빠가 신문을 보고 있는데 네가 떠들면(행동) 신문을 제대로 읽을 수가 없어(영향) 아빠가 화가 난단다(감정).	야! 조용히 안 해? 숙제는 다 한 거야? 당장 네 방에 들어가 공부나 해! 도대체 누굴 닮아 부산스러운지…
결과	• 상대방에게 자신의 생각과 감정을 전달함으로써 상호 이해를 도울 수 있다. • 상대방에게 개방적이고 솔직하다는 느낌을 갖게 한다. • 상대방은 나의 감정을 수용하고 자발적으로 자신의 문제를 해결하고자 하는 의도를 가진다.	• 상대에게 문제가 있다고 표현함으로써 상대를 비난하고 상호관계를 파괴하게 한다. • 상대방에게 일방적으로 강요하거나 비난하는 느낌을 갖게 한다. • 상대방은 변명하거나 핑계를 대고, 반감 또는 공격성을 보이게 된다.

4 바른 대화 자세

좋은 대화는 일상에 활력을 불어넣고 사업을 성공적으로 이끌며, 진실된 우정과 화목한 가정을 약속한다. 많은 이들이 대화를 통해 상대방의 인격, 성격, 사고의 깊이와 폭을 가늠한다.

즐거운 대화를 위해서는 에티켓을 지켜야 한다. 대화하는 사람 사이의 거리는 70cm가 이상적이다. 너무 가까이 다가가면 상대방에게 불쾌감이나 위협받고 있다는 느낌을 줄 수 있다. 그 외 일상의 대화 중 염두에 두어야 할 사항에는 다음과 같은 것들이 있다.

1) 대화의 거리

미국의 문화인류학자 에드워드 홀(Edward T. Hall, 1959)은 헤디거의 학설을 토대로 '근접학(proxemics)'이라는 신조어를 만들어냈다. 인간의 마음속에도 동물과 같은 영역 감각이 구비되어 있는데, 이를 연구하는 학문을 '근접학'이라고 한다. 근접학에는 심리학적 측면뿐만 아니라 커뮤니케이션학적인 측면도 포함되어 있다. 에드워드 홀은 인간이 자신이 점유하고 있거나 지배하는 신체 주변의 영역을 '바디 존(body zone)'이라 하였으며, 이는 사람의 친밀도를 나타내는 것이라고 하였다. 이 바디 존은 인간 사이의 거리로서 다음의 네 가지 영역으로 분류했다.

가. 친밀한 거리(15~ 46cm)

- 아주 친밀하게 지내는 사람에게만 46cm 이하의 접근을 허용한다. 애인, 배우자, 가족, 절친한 친구들이 해당되며, 팔만 뻗어도 곧바로 닿을 수 있는 거리로 직접적인 신체접촉이 허락되는 경우 상대방을 안을 수 있는 거리이다. 친밀한 거리를 두는 사람과의 의사소통에는 말뿐 아니라 모든 감각이 동원된다. 안면만 있고 친하지 않은 사람이 이 정도로 가까이 다가오면 불쾌감을 느끼고 도망치게 된다.

나. 사적인 거리(46cm~1.2m)

- 직장이나 각종 모임에서 지속적으로 만나는 관계일 때 유지하는 거리이다. 또 동창회나 동아리와 같은 친교모임이나 직장에서 회식할 때 다른 사람들과 떨어져 있는 거리이다. 이와 같은 관계에서는 대략 1m 정도 유지할 때 정서적으로 편안함을 느끼므로 사회생활을 하면서 지속적으로 만남을 가지는 관계일 경우에는 약 1m 정도의 거리를 두고 대화하는 것이 매너 있는 행동이다.

다. 사회적 거리(1.2~3.6m)

- 별 친분이 없는 사람과 직접 대면해야 하는 공적인 자리(회의, 면접, 쇼핑, 관공서 방문 등)에서는 대략 2m 정도의 거리를 유지할 때 편안함을 느낀다. 이는 낯선 사람과 대화하게 될 때 이 영역 안에서 편안함을 느끼게 되므로 이보다 더 가까이 가면 부담스럽게 느끼고 심지어 위협적으로 인식한다.

라. 공적인 거리(3.6m 이상)

- 연설, 강연 등이 이루어지는 거리가 이 거리이다. 보통의 목소리로 의사전달을 하기에는 부담이 있어 큰 목소리나 마이크를 활용해 이야기하게 된다. 이 거리에서 의사전달은 이전의 거리보다 월등히 어렵다. 보통 이 거리에서는 일대일(1:1)의 대화가 아닌 일대다수(1:N)의 대화가 주류를 이루게 되며 이는 곧 연설, 강연, 프레젠테이션 등을 의미한다.

2) 상황에 따른 대화방법

상대와 대화를 하다 보면 곤란한 말을 해야 할 때도 있고 불쾌한 감정을 타인에게 말해야 할 때도 있다. 그렇기에 상대방을 배려하면서 내가 손해보지 않을 수 있는 때로는 조금 이기적이고 차가운 면이 보일지라도 최대한 객관적인 상황을 유지할 수 있는 여러 가지 방법들에 대해 알아두어야 한다.

가. 상대방의 잘못을 지적할 때

- 상대방이 알 수 있도록 잘못을 확실하게 지적한다.
- 모호한 표현은 설득력을 약화시킨다.
- 지금 꾸짖고 있는 내용에만 한정한다. 이것저것 함께 꾸짖으면 효과가 없다.
- 상대방이 늦었을 때는 '늦었다'는 사실을 지적하는 것은 괜찮지만 '당신은 왜 항상 늦는 거요?'라고 추궁하듯이 묻는 것은 금물이다.

나. 상대방을 칭찬할 때

- 처음 만나는 사람에게는 먼저 칭찬으로 시작한다.
- '사무실이 아주 좋은 곳에 있군요' 같은 간단한 칭찬이 상대를 기쁘게 한다. 자칫 잘못하면 아부로 여겨질 수 있으므로 칭찬에도 센스가 필요하다.
- 평소에 상대를 잘 관찰해 좋은 점을 파악해 둔다.

다. 상대에게 부탁해야 할 때

- 부탁하기에 알맞은 때를 잘 선택해야 한다. 상대가 피로하거나 지쳐 있으면 무리하게 부탁하지 않는 것이 좋다.

- 우선 상대의 형편을 살피고 부탁하자. 갑작스런 부탁은 무례하게 비쳐진다.
- 여의치 않을 때는 무리하게 부탁하지 마라.
- 내게 필요한 게 뭔지 명확하게 제시해야 한다.
- 거절을 당하더라도 다음을 위해 싫은 내색을 하지 않는다.

라. 상대의 요구를 거절해야 할 때

- 먼저 사과하고 응해줄 수 없는 이유를 설명한다.
- 불가능하다고 여겨질 때는 모호한 태도를 보이는 것보다는 단호하게 거절하는 것이 좋다.
- 그러나 거절에도 테크닉이 필요하다. 정색을 하면서 '안 된다'는 말을 하면 상대는 감정을 갖게 되고 인간관계까지 나빠질 수도 있다.

마. 명령을 해야 할 때

- '~을 이렇게 해라'보다는 '~을 이렇게 해주시겠습니까?' 하는 의뢰형이나 청유형의 표현이 훨씬 효과적이다.

바. 설득을 해야 할 때

- 일방적으로 강요하거나 상대방에게만 손해를 보라는 식의 밀어붙이기 대화는 금물이다.
- '~해야 합니다.'라기보단 '~하는 게 더 효과적일 것입니다.'와 같이 제안하는 권유적 표현을 사용하는 것이 좋다.

사. 충고를 해야 할 때

- 특별한 경우를 제외하고 대부분의 사람들은 자신에게 부정적이거나 거부반응을 보이는 사람에게는 결코 타협적이거나 우호적일 수 없다는 사실을 잊어서는 안 된다.
- 충고를 할 때에는 예화를 들어 비유법으로 깨우치게 하거나, 상대방의 기분이 상하지 않도록 그 사람을 최대한 존중하면서 조심스럽게 충고한다.

아. 질책을 해야 할 때

- 질책화법에는 샌드위치 화법을 사용하는 것이 좋다. 샌드위치 화법이란 (칭찬의 말) + (질책의 말) + (격려의 말)처럼 질책을 가운데 두고 칭찬을 먼저 한 다음 끝에 격려의 말을 하는 방법을 말한다. 예를 들어 "자네는 이런 것이 잘못일세…"라기보다는 "자네는 이런 점은 좋으나… 이런 점에서는 개선할 필요가 있다고 생각하네. 자네가 이쪽 분야에선 특별한 경험을 많이 갖고 있으니 최대한 실력을 발휘해주게나… 알겠지?" 이렇게 하면 듣는 사람이 기분이 상하여 반발하지 않고 나중에는 긍정적으로 수용하게 된다.

CHAPTER

10

전화응대 매너

❶ 전화응대

❷ 전화응대 매너

❸ 휴대전화 사용 매너

CHAPTER

10

IMAGE MAKING

전화응대 매너

1 전화응대

1) 전화응대의 중요성

전화는 고객과 기업을 연결하는 수단이며, 고객과 만나게 되는 '제1선 접점'이다. 친절한 전화응대는 기업의 긍정적 이미지를 형성하여 기업의 이미지를 향상시킬 수 있으며, 그 사람이 속한 조직의 신뢰성을 판단하는 기준이 되므로 주의가 필요하다.

1999년 9월 도시바의 신형 VTR을 구입한 고객이 전화로 A/S를 요청했으나 전화받은 직원이 욕설에 가까운 폭언을 하여 일본 전역에 도시바

불매운동이 확산되었다. 결국 부사장이 공개석상에서 사죄하고 문제 제품의 재발 방지를 약속함으로써 종결되었다. 하지만 이로 인해 기업은 이미지에 큰 타격을 받게 되었고 신뢰도가 하락하게 되었다.

또한 전화는 음성에만 의존하는 커뮤니케이션이기 때문에 청각적인 부분에 민감하며, 잘 못 듣게 되면 오해를 살 수 있기에 더욱 예의를 갖추어야 한다. 더불어 전화받는 사람의 분위기나 태도가 그대로 전달되므로 상대방이 바로 앞에 있는 것처럼 전화를 받아야 한다.

전화응대 능력에 따라 기업이나 개인의 신용을 얻거나 치명적인 손실을 주기도 하기 때문에 올바른 전화응대 매너를 숙지하고 실천해야 한다.

2) 전화응대의 특성

가. 일대일의 쌍방향 커뮤니케이션

- 고객 개개인의 개별서비스 응대가 가능하다.
- 고객의 욕구를 정확하고 신속하게 파악할 수 있으며, 효율적인 응대가 가능하다.

나. 즉시성과 융통성

- 수화기를 드는 순간이 바로 고객과의 커뮤니케이션의 시작이다.
- 고객의 반응에 따라 즉시 대처가 가능하다.
- 예고 없이 찾아오는 손님이므로 언제나 즉시 응대 자세가 필요하다.
- 전화 통화하는 사이에 가능한 문제가 해결되어야 하기에 어느 정도 융통성 있는 해결방안을 가지고 있어야 한다.

다. 예기치 않은 문제가 발생

- 보이지 않는 상황에서의 응대이기에 작은 실수에도 고객의 반응이 달라질 수 있으며, 예기치 않은 문제가 발생할 수 있다.
- 통화상태나 수·발신 상태의 문제가 발생할 수도 있다.

3) 전화응대의 3요소

전화는 고객접점의 제1선이 되며 다른 업무나 서비스에도 연쇄적인 영향을 미치므로 전화응대 시에는 친절하고 신속하게 고객의 요구를 충족시키고 문제 해결에 즉각적인 도움을 줄 수 있도록 전문성을 갖추어야 한다.

가. 친절성

- 친절성은 고객이 가장 기대하는 사항이다.
- 음성에만 의존하기 때문에 목소리에 상냥함이 배어 있어야 한다.
- 상대방이 알아들을 수 있도록 천천히 또박또박 말한다.
- 호칭이나 단어선택, 경어사용 등 정중한 태도를 끝까지 유지하며 응대한다.
- 전체적인 분위기나 느낌이 친절성을 결정하므로 사무적인 말투를 배제하고 친절하게 응대한다.
- 음성뿐 아니라 고객의 욕구 충족을 위해 애쓰는 태도도 전달되어야 한다.

나. 신속성

- 전화를 빨리 받는 것부터 친절한 응대이므로, 전화벨이 3번 울리기 전에 받는 것이 좋다.

- 부득이하게 시간이 지체된 경우 '늦게 받아 죄송합니다.'라는 사과의 말을 한다.
- 결과를 알려줘야 할 경우 예상 답변시간을 미리 안내한다.
- 약속했던 시간보다 늦어질 경우는 반드시 중간보고를 해서 고객이 기다리지 않도록 한다.

다. 정확성

- 고객이 전화하는 이유는 궁극적으로 자신이 궁금한 것을 알아보기 위함이므로 업무에 대해 정확히 알고 응대해야 한다.
- 고객에게 신뢰감을 줄 수 있도록 관련된 전문지식을 정확히 숙지하고 있어야 한다.
- 잘 모르는 일은 마음대로 답변하지 말고 책임자나 정확히 알아본 후에 안내한다.
- 복잡한 용건이나 중요한 용건은 반드시 복창하여 확인하도록 한다.
- 필요한 내용은 메모하면서 고객이 정확히 이해하는지를 확인하면서 응대하도록 한다.

● **전화응대의 3요소**

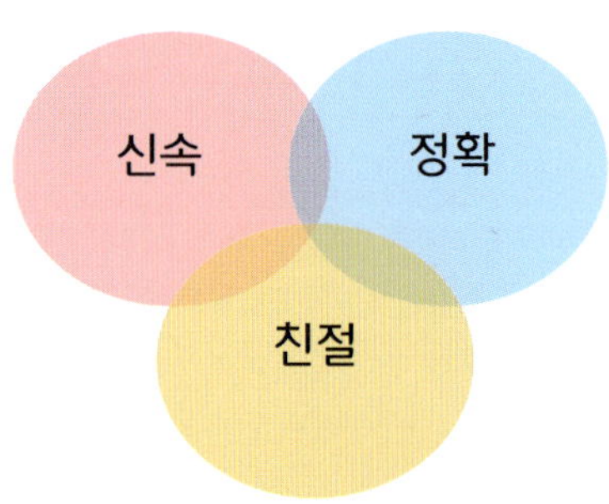

2 전화응대 매너

1) 전화응대의 바른 자세

가. 신호가 3번 울리기 전에 전화를 받는다.

- 바쁜 일을 하던 중이라도 전화벨이 3번 울리기 전에 받도록 하며, 전화응대 시 회사명, 부서명, 자신의 이름을 먼저 밝히고 인사를 한다. 또한 늦게 받았을 경우 죄송하다는 사과의 말을 먼저 하도록 한다.

나. 예의바르게 응대한다.

- 부드러운 음성과 정중한 자세로 응대하며, 발음은 정확하고 목소리는 밝게 하여 의사전달이 확실히 되도록 한다.

다. 언제나 메모할 수 있도록 한다.

- 전화응대 시 필요한 내용을 적을 수 있도록 전화기 옆에는 항상 메모지와 펜을 가까이 두도록 한다. 메시지를 전달받을 경우 메모를 정확하게 하고, 육하원칙에 맞추어 작성하며, 작성이 끝난 후 다시 한 번 복창하여 내용에 빠짐이 없도록 한다.

라. 사적인 대화를 삼간다.

- 업무시간에 사적인 통화를 자주 하는 것은 자신의 업무에 소홀하다는 인상을 주므로 사적인 대화는 점심시간이나 퇴근시간 이후에 하도록 한다. 또한 통화 중 부득이하게 다른 말을 해야 할 경우엔 수화기를 잘 막고 한다.

마. 상대방의 목소리가 들리지 않을 때

- "죄송합니다만, 통화상태가 좋지 않아 잘 들리지 않습니다. 조금 큰 목소리로 말씀해주시길 부탁드립니다."라고 정중히 요청한다.

2) 전화를 걸 때

가. 전화 걸기 전

- 고객의 시간, 장소, 상황을 고려한다.
- 전화를 거는 것은 남의 집을 방문하는 것과 같은 배려가 필요하다.
- 전화를 걸 때에는 너무 이른 아침시간, 점심시간, 퇴근시간 직전은 피한다.

나. 통화할 용건을 점검한다.

- 상대방의 전화번호, 소속, 성명, 직함 등을 다시 확인한다.
- 통화할 용건과 이야기 순서, 필요한 자료는 미리 준비해 둔다.
- 음성을 가다듬고, 자세를 바르게 한다.

다. 상대방이 전화를 받으면 인사하고 소속과 이름을 밝힌다.

- 전화받는 사람의 회사와 이름을 확인하고, 혹시 통화할 사람이 아닌 사람이 받을 경우는 통화할 대상과의 연결을 정중히 부탁한다.
- 상대와 연결되어 자신을 소개할 경우는 회사명, 부서명, 이름 순으로 밝히도록 한다.
- 상대편이 지금 전화를 받을 수 있는 상황인지 반드시 확인한다.

라. 용건을 말한다.

- 용건은 간결하고 정확하게 전달하고, 일방적이지 않도록 주의한다.
- 결론을 미리 말한 뒤에 설명을 시작한다.
- 상대방에게 전하고자 하는 내용이 바르게 전달되었는지 확인한다. 숫자, 시간, 이름, 장소, 연락처 등의 주요 결정사항은 반드시 재확인한다.
- 통화할 상대가 없는 경우 전화 건 목적을 분명히 하여 자신이 다시 걸 것인지, 회신을 원하는지를 전달하고 거는 사람의 이름, 소속, 전화번호를 다시 한 번 남기도록 한다.

마. 끝인사를 한다.

- 끝인사는 "안녕히 계십시오.", "잘 부탁합니다.", "감사합니다." 등의 정중한 인사를 한다.
- 전화의 종료는 거는 쪽에서 종료하는 것이 원칙이므로, 조용히 전화기를 내려놓는다. 다만, 통화한 상대가 지위가 높거나 연장자, 고객인 경우에는 반드시 상대방이 전화기 내려놓는 소리를 확인한 후에 전화기를 내려놓는다.

3) 전화를 받을 때

가. 전화벨이 3회 이상 울리기 전에 받는다.

- 벨이 3회 이상 울렸을 경우에는 '늦게 받아 죄송합니다.'라고 한다.
- 왼손은 전화를 받고, 오른손은 메모할 자세를 취한다.

- 전화를 받기 전 목소리를 가다듬고 밝은 목소리로 인사말과 소속부서, 성명을 명확히 밝힌다. 이때 다소 천천히, 정확히 말하여 상대가 되묻는 일이 없도록 한다.
- 상대를 직접 응대하는 것과 같은 바른 자세를 한다.

용건을 구상	5W 1H(What, When, Where, Who, Why, How)의 원칙에 의한 용건 구상을 한다.
인사 + 소속 + 성명	인사와 함께 소속, 성명을 말한다. – 상대편이 지금 전화를 받을 수 있는 상황인지 반드시 확인한다.
용건을 간결히 말함	용건은 갈결하고 요령있게 말한다. – 공적인 전화일 경우 "다름이 아니오라" 등으로 서두를 시작한다.
끝맺음 인사를 함	끝맺음 인사를 한다. – 통화에 대한 감사인사를 한다.
수화기를 살짝 내려놓음	수화기는 상대방이 내려놓은 다음에 내려놓도록 한다.

나. 상대를 확인하고 용건을 듣는다.

- 상대방이 자신을 밝히면 인사를 나눈다.
- 들을 때는 응답하면서 끝까지 차분하고 정확하게 경청한다.
- 통화할 상대가 본인인 경우는 용건을 듣고 메모하면서 전화 내용을 정리하도록 한다. 상대방의 용건이 끝나면 통화 내용을 요약·복창

하여 확인하도록 하며, 통화 중에 다른 사람과 상의가 필요한 경우는 수화기를 잘 막고 이야기하거나 보류 버튼을 누르도록 한다.

- 통화할 대상이 다른 사람인 경우는 전화를 바꾸어주는데, 바꾸기 전 담당자에게 전화 건 상대의 성명과 회사를 미리 알려주도록 한다.

다. 응답은 책임 있게 한다.

- 의문점 및 용건 해결에 필요한 질문을 한다.
- 무성의하게 응답하지 말고 용건 해결을 위한 해결방안을 상대방이 이해하기 쉽게 답변한다.
- 잘 모르는 내용인 경우에는 양해를 구한 다음 담당자를 바꾸어주거나 확인해서 연락드릴 것을 약속한다.
- 전화를 받아 다른 사람에게 메모를 전해야 하는 경우 전화 내용과 더불어 전화받은 사람의 이름과 시간을 알려 책임 소재를 확실하게 한다.
- 통화할 상대가 부재중인 경우는 부재중인 사유와 언제 돌아오는지를 알려주고 메모를 남겨놓을지의 여부를 묻는다.

라. 끝맺음 인사를 한다.

- 전화를 종료해야 하는 시점에 마무리 인사를 한다.
- 나에게 온 전화가 아니더라도 감사의 표현과 인사말을 잊지 않는다.
- 상황에 따른 적절한 끝인사를 하고 상대방이 끊은 뒤에 조용히 수화기를 내려놓는다. 상대가 끊기 전에 내가 먼저 끊어버리면 상대에게 무례한 느낌을 줄 수 있으며, 혹여 마지막 전할 말을 못 듣는 경우가 있다.

신속히 받음	전화벨 3회 이내에 받는다. – 벨이 3회 이상 울렸을 경우 "늦게 받아 죄송합니다"라고 한다. – 수화기를 받음과 동시에 메모준비가 되어 있어야 한다.
인사 + 소속 + 성명	명랑하고 밝은 음성으로 인사와 함께 소속, 성명을 말한다.
먼저 요구사항을 파악	고객이 말하기 전에 적극적으로 고객의 요구를 물어본다.
경청과 느낌 전달	고객을 위해 애쓰고 있다는 점이 고객에게 전달되어야 한다.
감사의 표시	고객이 전화를 걸어준 것만으로도 감사해야 한다. – 전화 주셔서 감사합니다. – 상대방이 끊은 뒤에 조용히 수화기를 내려놓는다.

3 휴대전화 사용 매너

- 승강기 내, 도서관, 박물관, 극장, 공공장소 등에서 휴대전화 사용은 가급적 자제하도록 하며, 벨소리 대신 진동모드 또는 무음으로 해둔다.
- 비즈니스 현장에서는 유선전화 못지않게 휴대전화의 사용이 빈번한데, 개인의 편리성에 맞추기보다 상대방에

게 방해가 되지 않는지, 무례하지 않은지를 고려하여 사용하도록 한다.

- 통화는 용건만 간단히 짧게 한다.
- 전자 장비 및 의료 전기 장비를 취급하는 병원, 비행기 등의 사용을 금지하는 지역에서는 전원을 꺼두는 것이 좋다.
- 회의시간, 인터뷰, 강의 중에는 휴대전화를 받지 않는 것이 예의이다.
- 대화 도중 휴대폰이 울린다면 양해를 구하고, 전화 건 사람에게 미팅이 끝난 후 전화하겠다는 의사를 남긴 뒤 바로 끊도록 한다.
- 운전 중 휴대전화를 사용할 때에는 핸즈프리를 이용하거나 가급적 전원을 꺼두는 것이 좋다.

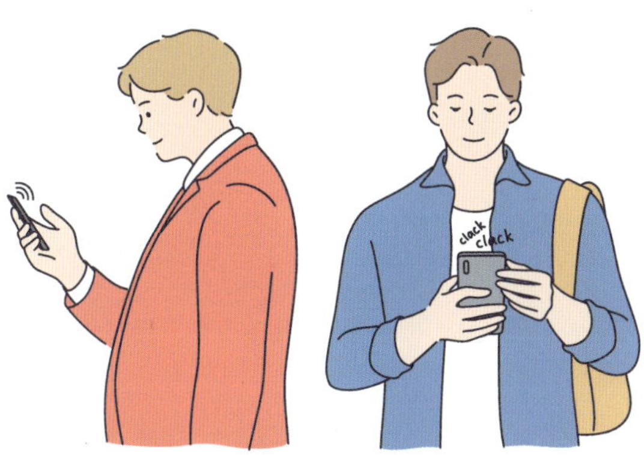

CHAPTER

11

이력서 및 자기소개서

❶ 이력서 작성하기

❷ 자기소개서 작성하기

CHAPTER

11

IMAGE MAKING

이력서 및 자기소개서

1 이력서 작성하기

1) 이력서의 의미와 중요성

이력서는 취업을 목적으로 자신의 정보를 기재해 회사 등에 보여주기 위해 제출하는 서류이다. 이력서에는 주로 지원자의 인적사항, 학력사항, 경력사항, 자격사항, 교육사항, 기타 외국어, 컴퓨터 활용능력 등을 작성한다.

이력서를 통해 기업의 인사 담당자는 지원자를 처음으로 대면하게 되고 이력서를 통하여 첫 이미지를 갖게 되며, 지원자의 역량이나 능력, 태도 등을 판단하게 된다. 반대로 지원자에게는 자신을 마케팅하고 홍보해줄 자료이기도 하다. 이렇듯 이력서는 인사 담당자와 자신을 연결시켜 주는 중요한 매개 역할을 하므로 지원자는 솔직하고 성실하게 문서를 작성해야 한다. 이력서는 취업을 하기 위한 첫 번째 면접임을 기억하자.

2) 이력서 작성

최근 인재 채용 시 온라인 접수를 시행하는 기업이 늘고 있다. 온라인 접수는 오프라인이나 우편, 전송 등의 접수방법보다는 모든 면에서 편리하고 효율적이다. 그러나 클릭 하나로 바로 전송되므로 주의를 기울일 필요가 있다.

온라인 접수방법은 크게 두 가지로 나누어볼 수 있는데, 그 하나는 기업의 홈페이지에 접속하여 주어진 양식에 따라 채우는 방법과 자유 형식으로 작성하여 기업체의 채용담당자 이메일로 발송하는 방법이 있다.

◆ 주어진 양식의 이력서

주어진 양식에 따라 채우는 이력서는 최대한 빈칸을 남기지 않고 모든 항목을 성실히 작성한다. 사진크기나 형태, 저장파일, 주의사항, 요구사항을 명시하고 있으며 해당 주의사항을 읽은 다음 여유를 갖고 작성하면 된다.

◆ 자유형식의 이력서

특정한 양식이 정해져 있는 것이 아니라 지원자 자신이 알리고 싶은 내용을 임의로 작성하는 이력서이다. 기본적으로 작성해야 하는 항목들을 살펴보자.

3) 이력서 작성 시 주의사항

-사진-

최근 블라인드 채용으로 인해 사진이 없어지는 추세이다. 하지만 사진이 필요할 시 자신의 첫 이미지를 전달하는 것이므로 각별히 신경 써야 한다. 최근에는 포토샵과 같은 이미지 편집프로그램을 사용하여 자신의 모습을 전혀 찾아볼 수 없을 만큼 과도한 수정을 하는 경우가 있는데 실물에서 크게 변형되지 않도록 한다. 이마가 보이는 깔끔한 헤어스타일과 정장을 입고 입꼬리를 살짝 올려 스마일 표정을 지어 전체적으로는 단정하고 부드러운 느낌이 들도록 한다. 최근 3개월 이내의 사진을 권장하고 계절에 맞지 않은 옷을 입고 찍은 오래된 사진은 쓰지 않도록 한다.

-성명-

성명은 한글과 한자 모두 기재하며 필요시 영문 이름도 작성한다. 영문 작성 시 여권을 확인하여 오타가 없는 것을 확인하고, 가끔 면접 시 한자의 뜻을 물어보는 경우도 있으니 정확한 의미를 알아두자.

-생년월일-

개인정보보호법에 의거하여 최근에는 주민등록번호 기입 칸 삭제가 보편화되었다.

-지원 부문 및 연락처-

이력서를 쓸 때는 우측 상단에 본인이 희망하는 업무를 정확하게 기재하고, 연락처를 정확하게 적는다. 대부분의 기업들이 합격 여부나 다른 연락사항을 전화 또는 이메일 등을 통해 통보하고 있기 때문에 특히 이력서의 이메일 주소가 틀리지 않도록 주의한다. 또한 휴대폰번호와 함께 비상시 연락 가능한 연락처 하나를 반드시 작성하도록 한다.

-주소-

현주소는 실제 거주지를 기재하고, 본적은 호적에 있는 주소를 쓴다. 2014년 이후 도로명 주소로 바뀌었으므로 새로운 주소를 확인한다.

-학력사항-

졸업일자, 학교명, 졸업구분, 전공, 학점 등을 기재한다. 학력사항 작성 시 고등학교 이상부터 기재하는 것이 일반적이며, 최근 졸업한 학교 순으로 먼저 작성한다. 졸업일자는 관계서류를 찾아 정확히 기재하여야 하며, 졸업예정자인 경우 졸업예정일자를 쓰고, 졸업구분도 '졸업예정'으로 기재한다. 학교명은 '고대', '연대', '외대'처럼 줄여서 쓰지 말고 '고려대학교', '연세대학교', '한국외국어대학교'와 같이 정확한 이름을 쓰도록 한다. 남자의 경우 군복무사항을 학력 사이의 해당 기간에 넣는 것도 잊지 말아야 한다.

-경력사항-

근무기간, 근무처, 직위 담당업무를 구체적으로 기재한다. 자신의 역량을 여러 경험을 통해 나타낼 수 있고 면접 시 질문을 더 받을 확률도 있다.

학생의 경우 사회경력이 없다면 아르바이트 경력이나 교육수료사항, 봉사경력, 수상경력도 기재할 수 있다. 예를 들어 편의점 아르바이트의 경우도 담당업무의 내용을 '제품의 유통기한 및 파손여부 확인', '상품 입고 시 검수', '청결', '상품진열', '운영', '고객응대' 등 구체적이고 명료하게 기재한다면 좀 더 전문적인 경력의 느낌을 줄 수 있다. 여기에서 중요한 것은 지원하는 회사와 직군에 조금이라도 도움이 된다고 판단되는 경험이라면 반드시 경력사항에 작성해야 한다는 것이다.

-자격사항-

지원직무와 연관성이 높은 위주로 작성한다. 자격사항은 최신 순 혹은 취득 순으로 작성하는 것이 일반적이나 중요도가 높은 순서대로 작성하기도 한다. 국가기술자격, 국가전문자격, 국가공인자격을 우선으로 작성하되 지원직무와 연관성이 낮거나 민간자격증을 작성하는 경우, 면접 질문에 대비하는 것이 좋다. 자격사항은 증명할 수 있어야 한다는 것을 명심하자.

-취미 및 특기-

지원자는 오히려 취미나 특기 사항을 중요하게 생각하지 않는 반면 인사 담당자의 70%는 중요하게 생각한다는 조사결과가 나온 적이 있다. 예를 들어 영업직에 지원하는 사람이 특기를 마술이라고 했다면 인사 담당자가 생각하기에 지원자는 사람들 앞에 나서는 것에 대한 두려움이 없을 거라고 생각할 수 있다. 이는 고객을 만나서 영업해야 하는 직원으로서 적합한 인재라는 인식을 줄 수 있다.

- **이력서 체크리스트**

NO	항목	체크	
		YES	NO
1	지원회사 양식을 사용하였는가?		
2	지원분야에 대해서 채용공고의 명칭과 동일한가?		
3	각 항목에서의 기간 표기나 명칭에 오타는 없는가?		
4	최근 촬영한 사진으로 규격에 맞추어 부착되었는가?		
5	이름, 생년월일, 나이, 우편번호, 주소, 전화, 이메일 주소 등 빠진 부분은 없는가?		
6	입학연월, 졸업연월, 이수구분, 학교명, 전공, 학점은 빠짐없이 기록하였는가?		
7	발행기관, 자격면허명칭, 급수, 취득연월, 유효연월을 표시하였는가?		
8	빈칸으로 남겨둔 곳이 없는가?		

입 사 지 원 서

EMPLOYMENT APPLICATION

지원 구분	
지원 부문	

인적사항								
	성 명	한글		한자		주민번호		
	주 소					기본사항	나 이	
							결혼여부	
	병 역	군별		계급		집 전 화		
		기간				휴 대 폰		
	면제사유		보훈여부			E-mail		

학력	입학년월	졸업년월	학 교	전 공	졸 업 구 분	성 적

경력	기 간	근 무 처	담 당 업 무

외국어	외국어명	TEST명	성 적	자격면허	자 격 면 허 명	등 급

수상경력	수 상 일 시	단 체 명	수 상 내 용

사회활동				
	동 아 리		취 미	
	봉 사 활 동		특 기	
기타 특이사항				

2 자기소개서 작성하기

1) 자기소개서의 중요성

최근 기업에서는 지원자들의 직무능력 중심으로 채용프로세스를 준비하고 있으며, 채용공고를 할 때부터 직무기술서를 통해 직무에서 요구되는 지식, 기능, 태도에 대해 상세하게 안내하고 있다. 이를 통해 지원자들은 직무중심의 평가지표에 대해 인지하고 준비할 수 있어 선발된 뒤에도 예상 직무에 대한 괴리감이 감소되어 지원자들의 입사 후 조기퇴사율과 이직률이 감소되고 있다고 한다. 또한 기관에 열정을 가지고 준비한 지원자의 합격률이 높아짐으로써 충성도와 자긍심이 향상되고, 조직 역량이 강화되며, 성과 창출로 이어져 기업 경쟁력을 높일 수 있다고 전문가들은 분석하고 있다.

그러면 기업은 어떤 인재를 원할까? 기업은 학력이나 경력보다는 해당 분야에 대한 전문지식을 보유하고, 분야에 대한 관심을 바탕으로 공동의 목표를 달성하기 위해 자발적이고 책임감있게 업무를 수행하는 능력을 갖춘 사람을 원한다. 또한 업무를 수행하는 과정에서 일어나는 문제를 인식하고 논리적으로 해결하는 능력을 갖춘 인재, 원만한 대인관계를 형성하고 조직사회에 잘 적응할 수 있는 인재를 원한다. 따라서 기업에서 원하는 인재상에 맞게 자기소개서를 작성하는 것이 중요하다.

최근 한 취업 포털사이트가 263개사의 인사 담당자를 대상으로 '서류전형에서 가장 중요하게 평가하는 요소는 무엇'인지에 대해 조사하였다. 이력서 검토에서는 1위가 인턴 등 직무경험(48.3%), 2위 전공(19%), 자격증

(8.7%), 대외활동경험(6.5%) 순으로 실무경험이나 잠재력 등을 평가할 수 있는 항목을 높게 꼽았으며, 자기소개서 검토에서는 1위가 직무관련경험(51%), 2위 회사 인재상과의 적합성(19.8%), 지원동기(8.7%), 아르바이트 등 사회경험(4.9%), 입사 후 포부(4.6%), 성격의 장단점(3.4%) 순으로 꼽았다.

기업의 인사 담당자는 지원자의 자기소개서를 통하여 직무관련경험, 성장배경, 입사 지원동기와 입사 후 포부는 물론 사고방식까지 알 수 있다. 이와 같은 일련의 사항을 통하여 인사 담당자는 지원자가 자신의 회사에 꼭 필요한 인재인지의 여부를 판단하고자 한다. 따라서 자기소개서는 작성자 입장에서 자신을 강조하여 마케팅을 할 수 있는 방법이며, 자신을 어떻게 기술하고 표현하는가에 따라 훌륭한 인재라는 점을 강조할 수 있으므로 신중을 기해 작성해야 한다.

자소서, 이 시대에 가장 눈물겨운 문학 - '자기' 없는 자기소개서

스펙으로 신입사원을 뽑지 않겠다는 기업들의 선언은 일면 취준생들의 시름을 덜어준 모양새지만, **사실은 스펙을 따지지 않으니 상대적으로 자소서가 당락에 미치는 비중이 더 커졌다.** 이제는 쌓아온 스펙을 어떻게 더욱 매력적으로 작문해야 하는지 고심해야 하는 단계에 이르기도 한 셈이다.

기업들은 자신들이 만든 문항에 1000자, 많게는 2000자까지 에세이를 요구한다. 살아오면서 가장 인상 깊었던 사건, 성공과 실패 사례, 실패를 극복한 방안, 리더십을 발휘했던 경험을 적으라는 문항들은 이제 익숙하다. 학창 시절 내내 튀지 않고 조용히 앉아 공부만 하라던 어른들이 갑자기 단출하기 짝이 없는 인생사에서 잊을 수 없는 대단한 사건과 깨달음을 요구하니 어안이 벙벙해진다. '당사가 현재 처한 문제점과 해결방안을 제시하라'거나 '해당 분야에 대한 전문성을 얻기 위해 어떤 활동을 해왔는지 구체적으로 서술하라'고도 한다. 사회 초년생을 뽑는 건지, 대리나 차장급 경력직을 뽑는 건지 헷갈리는 문항이다.

[프레시안, 2016.07.19]

2) 자기소개서 작성 시 주의사항

자기소개서의 작성은 서류지원의 난관 중 하나이다. 생각보다 첫 문장을 시작하기 어렵고, 지우기를 반복하며 오랜 시간이 지나도 한 항목을 채우지 못하는 지원자가 많다. 그 이유는 '지원서'라는 양식이 주는 부담과 완벽한 내용을 채우려는 조급함 때문일 것이다. 처음부터 완성된 자소서를 쓰겠다는 생각보다 여유를 갖고 우선 부담 없이 써내려가고 반복된 수정작업을 통해 완성도 있는 자기소개서를 작성해보자.

가. 보기 쉽게 작성한다.

인사 담당자가 자기소개서를 보는 시간은 1분이 채 되지 않는다고 한다. 따라서 짧은 시간 안에 자기소개서를 한눈에 들어오게 쓰는 것도 매우 중요하다. 예를 들어 우리가 책을 읽을 때 글자 수가 많은 것보다는 중간에 그림도 있고 단락이 나누어져 여백도 있는 책을 좀 더 수월하게 넘기며 읽을 것이다. 자소서도 마찬가지로 글자 수에 대한 부담으로 여백없이 촘촘하게 쓰는 경우가 많은데 이는 읽는 사람으로 하여금 부담을 느끼게 할 수 있다. 글자 수는 90% 정도 작성해도 무난하다. 따라서 좀 더 쉽게 읽기 위해서는 내용에 따라 '단락'을 나누어 인사 담당자로 하여금 조금 편하고 쉽게 읽을 수 있도록 한다. 또한 항목마다 '소제목'을 달아 내용이 무엇을 말할 것인지에 대해 임팩트 있게 만들어보는 것도 좋은 방법이다.

- 글자 수의 압박에서 벗어나라.
- 내용에 따라 단락을 나눈다.
- 소제목을 임팩트 있게 만든다.

나. 형식에 맞추어 쓴다.

자기소개서는 자신을 소개하는 공식적인 문서이다. 따라서 지나치게 긴 문장이나 적합하지 않은 내용, 맞춤법, 띄어쓰기 등이 맞지 않을 때에는 눈에 거슬리게 된다. 따라서 수정작업을 하면서 꼼꼼히 점검하는 것이 중요하다.

또한, 일기 형식의 자기소개서는 바람직하지 않다. 일기형식은 감정적, 추상적이라는 특징을 가지고 있다. 자소서는 단순히 자신의 느낌이나 생각을 표현하는 것이 아니라 객관적이고 논리성 있게 써야 한다는 것을 명심하자.

다. 간결하고 명확한 문장으로 작성한다.

화려한 문장을 잘 쓴 문장이라고 착각하는 사람들이 많다. 그러나 지나치게 화려한 문장은 오히려 의미를 파악하는 데 방해가 될 뿐이다. 잘 쓴 문장은 잘 읽히는 문장이다. 잘 읽히기 위해서는 문장을 짧게 쓰는 것이 중요하다. 짧게 쓴 문장은 한눈에 들어오며 말하고자 하는 바를 정확히 드러낼 수 있다. 50자가 넘는 긴 문장은 두 개 이상의 문장으로 수정하여 간결하게 만든다.

라. 어휘선택은 긍정적, 진취적으로, 식상한 어휘는 피한다.

지원자는 자신이 쓴 내용을 강조하기 위해 부정적인 어휘를 선택하는 경우가 있는데 이보다는 긍정적인 어휘를 사용해 전체적으로 자기소개서의 느낌을 밝게 표현하는 것이 좋다.

- 어학 공부를 게을리하지 않겠습니다. ⇒ 어학 공부를 꾸준히 하겠습니다.
- 이것을 당연히 여기는 자만에 빠지지 않겠습니다. ⇒ 이것을 중요하게 생각하겠습니다.

또한 '뽑아만 주신다면', '준비된 인재', '화목한 가정의… 태어나' 등의 식상한 어휘는 피하는 것이 좋다.

다음 자료는 인크루트 자료를 인용하여 응용한 것이다.

〈자기소개서에서 호감을 주는 문구〉

1. 긍정적이고 밝은 문구(84.9%)
2. 팀워크 문구(82.5%)
3. 책임감과 협동심이 많은 문구(73.8%)
4. 성실하고 근면한 문구(73.0%)
5. 열정적인 문구(63.5%)
6. 00분야의 전문가가 되고 싶다는 문구(62.7%)
7. 친구가 많은 문구(55.6%)
8. 00한 경험을 통해 00를 배운 문구(54.0%)
9. 독립적인 문구(51.6)
10. 최선을 다하는 문구(46.8%)

〈자기소개서에서 식상함을 주는 문구〉

1. '저는'으로 시작하는 문장이 중복되는 문구(80.2%)
2. '뽑아만 주신다면'이라는 문구(73.0%)
3. '우등생, 반장, 1등'이라는 문구(71.4%)
4. '엄격하시지만 자상하신 부모님의 가르침'이라는 문구(66.7%)
5. '화목한 가정의 몇 남매로 태어나'라는 문구(62.7%)
6. '초일류, 최고의'라는 문구(61.1%)
7. '무슨 일이든 열심히'라는 문구(57.9%)
8. '솔직히 말씀드리면'이라는 문구(56.3%)
9. '준비된 인재'라는 문구(56.3%)
10. '약속드립니다.'라는 문구(55.6%)

마. 반복문장으로 결론을 명확히 한다.

자기소개서의 항목 중 '지원동기'나 '입사 후 포부'는 인사 담당자에게 명확히 전달될 수 있도록 핵심문구를 반복 정리해서 작성하도록 한다. '~의 이유로 지원하게 되었습니다.', '어떠한 직원이 되겠습니다.'로 마지막 문장을 매듭지으면 지원자의 의견이 한결 깔끔하게 정리되고 명확하게 전달되는 느낌을 줄 수 있다. 이는 면접 시 질문에 대한 답변 시에도 활용하면 좋다.

3) 자기소개서 구성 및 작성법

가. 입사하려는 회사에 대한 지식은 필수다.

자기소개서를 쓰기 전 가장 먼저 해야 할 일은 지원 회사에 대한 공부다. 그 회사가 무엇을 파는 회사인지, 어떤 비전을 갖고 있는지, 원하는 인재상은 무엇인지를 알고 이를 자기소개서에 잘 녹여내려야 한다.

지원회사의 홈페이지 내에서는 경영철학, 경영이념, 인재상, 추구방안, 비전, 미션 등의 조직에 관한 내용이 있다. 또한 최근 회사관련 기사 및 전체적인 수상경력, 광고 등에서 많은 정보를 얻을 수 있으며 이를 통해 회사의 성격과 추구하는 인재상을 확실히 인지할 수 있다. 따라서 본인이 원하는 회사와 직무를 꼼꼼하게 분석한 후 자신의 장점과 경험 등에 활용한다면 면접에서 나만의 답변을 준비할 수 있는 밑거름이 될 수 있다.

나. 자신의 경험을 지원하는 직무에 연결한다.

좋은 자기소개는 애매모호하고 추상적인 표현들로 채워지지 않고, 명료하고 즉각적으로 이해 가능한 핵심 내용들이 많이 수록된 자기소개서이다. '앞으로 잘하겠습니다.' 식의 의지보다 자기소개서를 통해 '지원자에게 어떤 경험이 있고 그 경험을 업무에 어떻게 적용할 것이며 어떤 자세로 업무에 임할 것인가'를 미루어 짐작할 수 있어야 한다. 따라서 지원자는 이러한 목적에 충실하여 평가자들을 설득해야 하며, 설득력을 높이기 위해 개인 사례를 적는 것은 좋은 방법 중 하나이다.

기업의 입장에서 채용의 목표는 입사 후 일을 잘할 사람을 뽑는 것이다. 이는 거꾸로 지원자에게 자기소개서는 자신이 얼마나 직무에 적합한지를 설득, 홍보하는 기회를 갖는 것이다. 지원자들이 흔히 하는 실수는 자신이 자랑하고 내세우고 싶어 하는 경험을 억지로 직무와 연결지으려고 하는 것이다. 아무리 화려한 경험이라도 직무와 관련 없는 것은 의미가 없으니 직무와 맞는 경험을 골라 작성하는 것이 중요하다.

다. 직업의 의지를 보여준다.

회사가 원하는 인재의 조건은 분명히 뛰어난 능력이다. 하지만 그 못지않게 중요한 것은 이렇게 뽑은 인재가 회사에 오래 다닐 것인가 하는 것이다. 지원자가 아무리 좋은 스펙과 실력을 가졌다고 하더라도 회사에 대한 애사심과 충성도가 느껴지지 않으면 인사 담당자 입장에서는 망설이게 된다. 따라서 인사 담당자가 지원자가 얼마나 성실하고 진실성이 있으며, 인내심과 팀워크를 가지고 있고, 무엇보다도 책임감을 갖추었다는 사실을 인지할 수 있도록 자기소개서에 분명히 기술해야 한다.

라. 면접관이 나를 만나보고 싶게 만든다.

다음과 같이 소제목을 이용해서 작성한 지원자가 있다.

"타인과 소통하는 도전자"

학창시절부터 저는 친구들에게 비밀 이야기를 많이 듣는 입장이었습니다. 그래서 타인에게는 '그럴 수도 있지'라는 마음을, 동시에 그로부터 깨우침을 실천하는 방법을 익혔습니다.

"You again?"

교환학생에 세 번이나 도전하던 제게 면접 교수님께서 하신 질문입니다. 어려서부터 작은 일도 안 되면 될 때까지 도전하는 신조를 가지고 있었던 저는 세계를 무대로 삼고자 한 첫 교환학생 시도에서 실패했습니다. (조선일보 기사 인용)

한국 내 대기업에 취업 지망생이 제출한 자기소개서의 시작 부분이다. 한 명은 통과했고, 다른 한 명은 탈락했다. 어떤 지원서가 통과됐을까? 답은 "You again"이다. 소제목부터 지원자에 대한 호기심을 불러일으킨다. 자신의 구체적인 경험을 제시한 부분도 좋은 점수를 받았다.

이처럼 임팩트 있는 소제목이나 호기심이 들게 하는 내용 등을 활용하여 인사 담당자로 하여금 만나보고 싶게 만드는 것이 중요하다.

마. 잡화상 같은 경험 나열은 하지 않는다.

최근 채용에서 기업들이 어학 성적 등 '스펙'에 대한 평가를 줄이면서 자기소개서의 비중이 커지고 있다. 스펙을 안 본다는 건 독특한 경험을 더 많이 보고 중시하겠다는 의미다. 그렇다고 본인의 많은 경험을 잡화상처럼 나열하는 것은 어리석은 일이다. 다른 지원자들에게 드물고 직무에 도움이 되는 2~3가지를 골라 나만의 스토리로 엮어내는 게 승부사라고 인사 실무자들은 말한다. 예를 들어 1주일짜리 여행을 두세 번 다녀온 것은 스토리가 될 수 없지만 무작정 여행을 떠나 노숙을 하거나 현지에서

막노동을 불사하며 자기만의 길을 찾아낸 것은 기업이 좋아하는 스토리이다.

바. 구체성을 담아 마지막까지 수정하고 보완한다.

자기소개서는 주관적인 성격의 글이다 보니 자칫 감상적이 되기 쉽다. 자기주장을 효율적으로 나타내는 데 집중할 수 있도록 한다. 중요한 것은 추상적인 표현을 극소화하고 수치 등을 활용해 구체적으로 쓰는 것이다. 예를 들어 “본인의 10년 후 계획에 대하여 작성하시오”라는 질문에 “글로벌 경영의 최선봉에 서겠습니다.” 같은 뜬구름 잡는 식의 답변은 적합하지 않다. 또한 좋은 글의 기본은 글을 계속해서 퇴고하여 하나의 완성본으로 만드는 것이다. 퇴고를 얼마나 하는지에 따라 자기소개서의 질이 결정된다. 허술한 자기소개서는 지원자를 성실함이 부족한 사람으로 보이게 한다. 수많은 자기소개서를 접한 인사 담당자는 이 자기소개서가 얼마만큼의 기간에 걸쳐 작성한 것인지 금방 알 수 있다. 충분한 시간을 가지고 자기소개서를 작성하고 수정에 수정을 반복해야 한다.

4) 항목별 자기소개서 작성법

(1) 성장배경

인사 담당자는 지원자가 어떤 환경에서 자라서 어떠한 성향과 가치관을 가지고 있으며 성장과정 중 어떤 일이 현재의 모습과 인생을 보는 관점에 영향을 미쳤을지에 대해 궁금해 한다. 또한 지원자의 개성과 팀워크 능력을 알 수 있는 근거이기도 하다. 개성 있는 성장배경을 작성하고 싶다면 회사나 직무와 연관시킬 수 있는 에피소드를 언급하는 것이 좋다.

◆ **핵심평가 내용**

- 지원자가 성장하면서 구축한 가치관
- 지원자의 가치관과 기업 가치관의 부합 여부

성장과정 작성 시 주의사항

① 1992년 서울에서 태어나~ 식의 연대기 서술은 그만!

② 부모님 이야기의 비중을 줄여라. 부모님 30 ; 자신 70

③ 학창시절 경험담을 활용하기 – 상장 찾기

(2) 지원동기

많은 지원자들이 지원동기 작성에 무척이나 많은 어려움을 겪는다. 자기소개서 중 지원동기가 가장 중요한 이유는 요즘같이 경쟁이 치열한 시기에 '왜 우리 회사에 지원했는가? 왜 이 직무에 지원했는가?'라는 질문에 명확한 답변을 하지 못하면 합격하기가 매우 어렵다.

따라서 개인의 역량과 경험을 바탕으로 직무상의 강점과 준비사항을 드러내고 회사의 일원이 되기 위해 개인적으로 노력하고 열정을 발휘한 부분을 쓰는 것이 좋다.

◆ **핵심평가 내용**

- 기업에서 발휘할 수 있는 지원자의 역량
- 기업에 대한 지원자의 관심도

지원동기 작성 시 주의사항

① 기업분석과 직무분석 시간투자를 아끼지 마라.

② 지원자가 아닌 인사 담당자 혹은 CEO의 시각으로 분석!

③ 스스로 솔직하게 대답해보자.

(3) 입사 후 포부

입사 후 포부는 지원동기 다음으로 중요하게 생각하는 항목이다. 지원자가 '목표의식이 뚜렷한가? 개인의 최종비전과 기업의 비전이 일치하는가? 입사 후 계획을 얼마나 구체적으로 수립하는가?'를 알기 위함이다. 즉 지원자의 발전 가능성, 조직에 대한 충성도, 장래성 등이 주요 내용이어야 한다.

따라서 너무 허황하지 않되 인사 담당자를 납득시킬 수 있을 정도의 장래희망과 포부를 적는 것이 좋다. 막연하게 '열심히'나 '열정적으로'와 같은 진부한 표현을 늘어놓지 않도록 주의하고, 구체적이고 확고하게 포부를 밝히는 것이 좋다.

◆ **핵심평가 내용**

- 입사 후 지원자가 역량을 발전시킬 가능성
- 기업이 지향하는 바에 대한 지원자의 이해도

입사 후 포부 작성 시 주의사항

① 미래에 대한 계획이나 희망 있는 인재임을 기술!

② 3년, 5년, 10년 후 등 진취적 인재임을 알리기

(4) 성격의 장단점

인사 담당자는 지원자가 입사하여 회사에 잘 적응하여 본인의 능력을 발휘해줄 것을 기대하고 있다. 따라서 '기업의 문화에 적합한 인재인가? 직무에 대한 적성이 적합한가? 조직문화에 잘 적응할 수 있는가?'라는 점을 파악하고자 한다. 그러므로 단순히 자신의 인성이나 성격 부분만 언급하지 말고 자신의 역량과 경험 중 다른 지원자와 차별되는 점을 언급한다. 그

리고 이를 뒷받침할 수 있는 사례를 함께 언급하는 것이 좋다.

◆ **핵심평가 내용**

- 지원한 직무와 성격의 부합 여부
- 직무 수행 시 도움이 되는 성격의 장점
- 직무 수행 시 크게 부정적 영향을 주지 않는 성격의 단점
- 성격의 단점에 대한 문제 개선 의지

성격의 장단점 & 강점 작성 시 주의사항

① 다양성이 아닌 특화된 사람임을 표현하자!

② 치명적 단점은 피하자. 자신에게 화살로 되돌아온다.

자기소개서를 쓸 때 무엇보다 중요한 것은 지원회사와 직무에 대한 열정과 능력이 묻어나는 것이다. 자기소개의 목적은 자신이 입사하기 위해 어떠한 능력을 갖추고 어떠한 노력을 했는지를 정확히 알리면서 회사에 적합한 인재라는 것을 강조하는 것이다. 자서전이나 일기형식의 개인적인 글이 아니므로 인사 담당자의 입장에서 신뢰감을 줄 수 있는 정중하면서도 갖추어야 할 형식에 맞게 쓰도록 한다.

● **자기소개서 체크리스트**

NO	항목	체크	
		YES	NO
1	맞춤법과 띄어쓰기 점검이 완료되었는가?		
2	간결하고 정확한 문체를 사용했는가?		
3	보기 쉬운 형식과 구성으로 작성하였는가?		
4	수정, 보완작업을 여러 번 시행하였는가?		

5	지원회사만을 위한 맞춤자기소개서인가?		
6	진실성이 잘 드러나 있는가?		

[자기소개서]

성장과정	
성격의 장단점	
지원동기	
입사 후 포부	

※ 지원서의 기재내용이 사실과 상이할 경우 입사취소를 인정함.

작성일자 :　　년　　월　　일　　작성자 :　　(인)

CHAPTER

12

면접

❶ 면접

❷ 기업의 채용과정

❸ 성공 면접 전략

CHAPTER

12

IMAGE MAKING

면접

1 면접

'공채 사라진다'… 기업 채용문화 변화바람

기업의 채용문화에 변화의 바람이 분다. 상반기와 하반기 혹은 연중행사로 정기 공채를 진행하던 방식을 벗어나 상시 · 수시 채용제도를 도입하고 있는 것

재계 관계자는 "경영환경이 급변하는 상황에서 정해진 채용제도의 틀에 맞춰 관습적으로 채용을 진행하기보다는 필요한 시기에 필요한 조건에 부합하는 인재를 채용할 수 있는 수시채용으로의 전환이 효과적이라고 판단한 것으로 보인다."고 말했다.

구직자들도 정시보다는 수시채용을 더 선호한다는 설문조사 결과도 있다. 취업포털 사람인이 지난달 신입 구직자 876명을 대상으로 '수시 채용과 공개 채용 중 유리한 채용'을 조사한 결과 66.2%가 '수시 채용이 유리할 것'이라고 밝혔다.

[머니 S, 2020.06.13]

기업의 채용 트렌드는 변화하고 있다. 정량적 스펙에 감탄하고 높은 점수를 주기보다는 직무중심의 역량과 경험을 보유한 인재를 선호하고 있다. 보다 구체적으로 살펴보면 다음과 같다.

- **기업들의 관점에서의 채용 트렌드의 변화**

① 구분: 정기공채에서 수시채용으로
② 규모: 연간 채용규모 확실에서 채용규모 불확실
③ 시기: 연 2회(상반기와 하반기)에서 수시진행
④ 방식: 서류, 필기, 인 · 적성 검사, 면접 순에서 서류 및 면접(필요시 과제 / 인 · 적성 검사 진행)

이러한 채용 트렌드 변화에 발맞춰 기업은 전문성 있는 선발과정을 통해 최적임자를 선발하기 위해 부단히 노력하고 있으며, 신입인 듯 신입 아닌 신입 같은 신입을 선발하고자 한다.

1) 면접의 개념

면접은 취업이나 입학 등과 같은 일정한 목적을 가지고 이루어지는 의사소통의 한 방식이다.

또한 면접관의 질문과 면접자의 대답으로 이루어진다는 점에서 잡담, 강연 등과 다르다.

따라서 '효과적'으로 '상황'에 적절한 '표현'과 '이해'라는 의사소통의 특성을 고려하면 면접에서도 '면접 상황'에 맞는 '질문'과 '대답'을 해야 한다. 이런 점에서 면접에서 면접자는 일정한 정답을 말하는 구두시험이 아니라는 것을 명심하고, 순간적이고 재치가 필요한 기법을 필요로 하는 것도 아니며, 나를 제대로 알리는 것이라는 점을 꼭 염두에 두어야 한다.

또한 과거와 비교해서 현재의 채용 시장이 변했다는 것을 인지해야 한다. 각 기업은 필요인력만 선발하고자 하며, 해당 직무에 필요한 기본 능력 보유자를 선호하고 직무역량을 중요시한다는 점을 명심해야 한다.

면접이란 면접관에게 '나를 알리는 것'이다. 보다 구체적으로 내가 이 회사에 적임자임을 말하는 것이므로 나를 제대로 알고 나만의 실력을 쌓기 위해 노력해야 한다.

2) 면접의 중요성

면접은 기업을 끌고 나갈 미래의 조직 구성원을 선별하고, 회사에 수익을 가져다줄 인재를 뽑는 과정이기에 중요성이 점차 강조되고 있다.

가. 인재를 채용하는 패턴이 변하고 있기 때문이다. 대규모로 일반적인 직원을 채용하던 과거의 비효율성을 극복하고 각 업무에 적합한 소수 정예 입사자를 선발하려는 것이 목적이기 때문이다.

나. 빠른 시간 내에 적재적소에 투입할 인재를 선별하는 방법으로 변하고 있기 때문이다.

다. 인재의 선별 기준이 형식적 능력보다는 창의력과 발전 가능성, 의욕을 더 보려는 것으로 바뀌고 있기 때문이다.

라. 도덕성 의지, 문제해결 능력, 인간적 매력과 같은 요소들이 서류와

데이터보다 더 중요한 요소로 부각되고 있기 때문이다.

마. 학력과 경력이 화려하다고 해도 지원자의 능력이나 적극성을 이력서에 명시된 내용만으로는 파악하기 어렵기 때문에 지원자의 대답하는 자세, 얼굴 표정, 유연한 태도, 도전 정신, 예의범절 등을 보고 회사에 적합한 인재인지를 파악하려고 하는 것이다.

바. 말하는 태도나 표정을 보고 지원자의 성실성, 진실성을 파악하려는 것이다.

사. 자신의 주장이 너무 강하거나 편협한 사고가 있는 사람은 타인과 협력해야 하는 업무에 지장을 초래하는 경우가 있기에 조직 적응력과 판단력을 보려는 것이다.

2 기업의 채용과정

1) 서류전형

- 서류전형은 응시자가 제출한 서류를 심사해 입사 대상자를 선발하는 절차이다. 입사지원서(또는 이력서와 자기소개서), 성적증명서와 졸업증명서, 공인 어학 점수, 병역 증명 서류, 경우에 따라 고교 생활기록부 등을 제출해야 한다. 면접자를 직접적으로 보지 않고 서류상으로 판단하는 것이기에 이력서는 꼼꼼하고 성실하게 작성해야 한다. 화려한 문장보다는 간결하고 정확한 표현으로 지원자의 의지와 열정을 잘 드러내고, 지원하는 회사와 업무에 대한 구체적 이해를 토대로 특색 있게 작성하는 것이 핵심이다.

2) 인 · 적성 검사

- 최근에는 인 · 적성 검사의 비중이 상대적으로 높아지고 있다. 대기업들은 회사마다 고유한 인 · 적성 검사방법을 개발하여 활용하고 있으며, 인 · 적성 검사를 당락을 결정하는 주요 수단으로 삼는 기업이 있는가 하면 합격을 결정하는 참고사항으로 활용하는 기업들도 있다.

3) 면접 전형

- 기업들은 서류전형을 통과한 입사예정 후보들을 몇 배수로 선별하여 1차, 2차, 경우에 따라서는 3차까지 면접 전형 절차를 진행한다. 면접의 종류와 방법도 기업들이 일반적으로 선호하는 집단면접, 개별면접, 프레젠테이션 면접, 토론 면접, 역할 연기 등으로 다양하게 진행된다. 기업들은 면접 전형을 통해 자신들이 원하는 인재를 선별하기 위해 날로 과학화, 전문화된 면접방법을 개발하고 있다.

가. 집단면접

- 집단면접은 응시자 여러 명을 하나의 그룹으로 묶어 비교, 평가하는 형태이다. 면접관이 3~5명, 응시자가 4~8명 등 그 형태는 다양하다. 집단면접에서는 응시자 여러 명이 함께 면접을 치르는데, 면접관들은 면접 평점 요소에 따라 적합한 응시자들을 변별하기 위해 응시자들을 경쟁시킨다. 이 때문에 응시자들은 많이 긴장하게 되고 다른 응시자들의 눈치를 살피느라 제 실력을 발휘하지 못하기도 한다. 채용기관은 응시자들 간의

경쟁을 통해 이런 상황에서 응시자의 인내력과 평정심을 관찰하는 것이다.

집단 면접에서는 응시자별로 다른 질문을 하기도 하지만 대체로 공통된 질문에 각 응시자가 답하는 형태가 기본이며, 답변이 특이하거나 변별력이 약하다고 평가받으면 추가 질문을 할 수 있기에 당황하지 말고 평정심을 유지한 채 답하면 된다.

집단면접 대비 포인트

① 대답할 때 자신이 말하고 싶은 내용을 간단명료하게 요령 있게 답한다.
② 다른 지원자에게 주어진 질문에 자신이 나서서 답변하는 등의 튀는 행동은 삼가야 한다.
③ 자기 답변이 길어져 시간을 끌거나 대답을 질질 끄는 태도는 좋지 않다.
④ 자신의 답변이 끝났다고 해서 시선이 산만해지거나 자세가 흐트러지면 안 된다. 다른 지원자의 말을 끝까지 경청해야 한다.
⑤ 동일한 질문에 차례로 응답할 것을 요구받았을 때 설령 자신이 생각한 대답과 옆 지원자가 같은 대답을 했더라도 당황하지 말고 자신만의 답변을 말할 수 있도록 평소 어휘력과 표현력을 키우는 것이 좋다.

나. 개별면접

- 개별면접은 면접관 여러 명이 응시자 한 사람을 평가하는 형태로 응시자와 면접관이 일대일로 만나는 단독 면접과는 다르다. 일반적으로 면접관 2~4명이 한 조를 이루어 응시자를 평가하는데 각 면접관이 역할을 나눌 수도 있고, 역할 배분 없이 질문할 수도 있다.

개별면접은 면접관 여러 명이 응시자 한 사람을 평가하는 것이기 때문에 응시자 쪽에서는 어려움과 기회가 동시에 존재하게 된다. 응시자를 단독으로 평가하는 것이기에 다양한 질문을 심도 있게 할 수 있어 인재를 여러 각도에서 평가할 수 있고, 응시자의 답변은 물론이고, 인상과 외모, 자세와 태도, 예의와 성실성까지 평가할 수 있기에 주의해야 한다.

개별면접에서는 어떤 질문이든 모든 면접관들이 채점하고 있으므로 질문한 면접관에게만 시선을 맞추지 말고 다른 면접관들에게도 골고루 맞추어야 한다.

개별면접 대비 포인트

① 자신의 이력서 내용을 잘 기억하여 이에 관련된 질문이 나왔을 때 서류의 내용과 다르게 말하지 않도록 주의해야 한다.

② 질문을 들을 때 면접관의 시선을 피하지 않아야 하며, 자신 있게 답변한다.

다. 프레젠테이션 면접

- 프레젠테이션은 특정 주제에 대해 적절한 내용과 형식으로 발표하여 청중을 설득하는 커뮤니케이션 방법으로, 이런 커뮤니케이션 특성을 활용한 것이 프레젠테이션 면접이다.

프레젠테이션 면접을 효과적으로 하기 위해서는 발표 주제 및 내용, 발표자(응시자), 청중(면접관) 등의 구성을 잘 이해해야 한다. 응시

자에게 미리 발표할 주제를 주거나 몇 가지 주제 가운데 한 가지를 선택하게 하므로 발표시간을 초과하지 않도록 주의해야 한다.
주된 기준은 발표내용과 주제는 물론이고, 인상, 말투, 화법 등 모든 것이 대상이므로 발표는 정확성, 논리성, 전문지식의 활용, 창의력과 설득력이 있도록 해야 한다.

프레젠테이션 면접 대비 포인트

① 미리 작성한 내용을 보고 국어책 읽듯이 발표하지 않아야 한다.
② 면접장 내에서 활용할 수 있는 화이트 보드, 칠판, 마커와 볼펜 등 모든 수단을 적극 활용하는 것이 좋다.

라. 그룹 토의 면접

- 토론 면접은 보통 6~10명을 한 개 조로 구성하여, 짧게는 10분, 길게는 한 시간까지 주어지며 응시자 여러 명을 토론하게 하여 면접관들이 그 내용과 자세를 평가하는 면접 형태이다. 이 면접의 가장 큰 특징은 다른 형태의 면접과는 달리 질문과 답변의 구조가 아닌, 응시자들끼리 진행하는 자율적 토론을 면접관들이 관찰하면서 평가한다는 것이다.
  토론의 주제는 시사문제, 업종별 전문지식과 관련된 문제 등이 다양하게 출제되며 이는 회사에서 제시하거나 구성원끼리 공통된 의견으로 결정하기도 한다.
  그룹에서의 의사소통 및 조정 능력, 리더십, 타 구성원과의 융화를 관찰하여 응시자가 입사 후 조직생활에 잘 적응하고 맡은 직무를 잘 수행할 자질이 있는지의 여부를 평가하는 데 목적이 있다. 토론 면접은 각 구성원의 지식, 경험, 의견을 나누고 문제점에 대해 신중한 해결을 하는 팀워크(team work)가 중요시되므로 혼자만 눈에 띄려고 지나치게 말을 많이 하거나 흥분하지 말고 차분한 태도로 논리정연하게 자신의 의견을 발표하는 것이 좋다.

토론 면접 대비 포인트

① 토론에는 정답이 없기에 내 주장만을 내세우지 않는다.
② 상대방의 의견을 반박하지 않으며 남이 말할 때 끼어들지 않는다.
③ 자신의 의견을 발표한 뒤에도 남의 의견을 경청하는 것이 중요하다.

마. 심층면접

- 일반면접이 10~20분 정도 진행되는 데 비해 심층면접은 30~50분 정도의 시간이 걸리며, 실무자 면접, 부서장 면접, 임원 면접 등 여러 단계에 걸쳐 실시된다는 특징이 있다. 지원자에게 꼬리를 무는 끊임없는 질문으로 당황하게 만들거나 자존심을 상하게 하는 질문을 한 다음 상황 대처능력을 보는 것이기에 평정심을 유지하고 상황을 슬기롭게 대처하는 여유를 가져야 한다.

  심층면접에서 잊지 말아야 할 것은 면접관이 개인적으로 응시자의 기분을 나쁘게 한다거나 혹은 나쁘게 평가해서 하는 질문이 아니라는 것이다.

  그렇기에 질문을 받았을 때 정답을 모른다고 당황해서 지레 포기하지 말고 나름대로의 논리와 추리로 최선을 다해야 한다.

심층(압박) 면접 대비 포인트

① 질문에 긴장하거나 당황하지 말고 여유롭게 대처해야 한다.

② 지원자에게 불쾌감을 주면서 자제력, 인내력, 판단력 등을 시험한다는 것을 명심해야 한다.

3 성공 면접 전략

1) 면접 시 중요사항

가. 면접장에 들어서는 순간 이미 80%가 결정됨을 명심해야 한다.

- 지원자 중 면접장에서 답변만 잘하면 합격할 것이라고 착각하는 사람이 많은데 실제로는 면접장에 걸어 들어오는 모습을 보고 면접위원은 마음속으로 합격여부를 이미 대강 결정한다. 걸음걸이, 용모, 눈빛을 보고 지원자의 적합성을 거의 파악한다는 뜻이기에 면접장에서의 질의응답은 자신의 판단을 확인하는 절차나 다름없다. 왜냐하면 말이나 글은 100% 거짓이 가능하지만 눈빛과 용모, 자세, 걸음걸이 등은 자신이 살아온 인생을 보이는 것이기에 속이기가 어렵기 때문이다. 그렇기에 지원자는 면접관이 처음으로 얼굴을 접할 때의 느낌에 대한 준비를 해야 한다. 질문에 대한 답변만을 준비하는 것이 아니라 단정한 용모와 밝고 맑은 눈빛, 씩씩하고 자신감 있는 걸음걸이, 깨끗한 복장, 올바른 자세와 태도 등을 준비하는 자세가 꼭 필요하다.

나. 서두를 힘 있게 시작하고, 크고 명료한 발음으로 자신감을 보여야 한다.

- 힘 있는 목소리에서는 에너지가 느껴져 지원자의 의지와 열정을 느낄 수 있다.
  자신감이 부족하면 목소리가 기어 들어가므로 긴장하고 열정적으로 보이지 않는다. 또한 급한 목소리는 신중하지 못해 보이고 말하는 내용이 흩어지기 쉽다. 천천히 또박또박 말하되 강조하고 싶은 어휘에는 톤을 조금 더 높여주는 것도 바람직하다. 문장과 문장 사이에 약간의 침묵을 주거나 한 템포 띄우는 것도 호소력을 높여 집중하게 한다. 면접 시에는 자기 이름의 특징, 자신이 만들어온 이력 등에 호감을 느낄 수 있도록 자신 있게 이야기한 후 자기 소개를 하는 것이 좋다.

다. 적극적으로 답변에 임해야 한다.

- 질문에 답을 주저하거나 한 박자 늦게 출발하면 준비성이 없어 보인다.
  내용이 틀려도 좋으니 일단은 먼저 출발하는 것이 좋다. 답변의 내용이 바로 생각나지 않을 경우 면접관의 질문 내용을 서두에 다시 말함으로써 조금의 시간을 버는 것도 하나의 방법이 될 수 있다.

라. 자신을 표현할 아이디어를 하나 이상 준비하는 것이 좋다.

- 하루 종일 또는 일주일간 같은 면접을 진행하는 면접관 입장에서는 일반적인 이야기가 귀에 잘 들어오지 않는다. 새로운 아이디어는 창의력과 입사의지, 에너지를 느낄 수 있게 하는 아이템이므로 자신을 표현할 참신한 아이디어가 있다면 장시간 면접으로 피곤한 면접관에

게 호감을 얻을 수 있게 될 것이다. 그러나 이미 유행이 지났거나 다른 지원자들이 말했던 아이디어는 오히려 준비성이 부족하고 뻔한 답변이라는 인상을 주기에 오히려 안 하느니만 못하다는 것을 명심해야 한다.

마. 일화, 실례, 증거를 많이 사용한다.

- 자기소개나 지원동기를 말할 때 자신의 경험이 구체적으로 들어가면 좋다. 에피소드를 활용하는 답변은 면접관의 관심을 끌고, 감동을 줄 수 있으며, 지원자의 자질을 간접적으로 알 수 있기에 답변에 활용하는 것이 좋다.

바. 편안하지만 느리지 않은 어투로 말한다.

- 편안하고 여유 있는 태도로 면접에 임하면 면접관들도 부담이 없다. 하지만 마지못해 하는 듯한 말투이거나 너무 천천히 말하게 되면 면접관의 주목도 받지 못할 뿐 아니라 지루해 할 수 있기에 답변 속도와 태도에 유의해야 한다.

사. 자연스러운 eye contact & smile을 처음부터 끝까지 유지해야 한다.

- 시선을 한쪽에 오래 두거나 천장을 쳐다보거나 땅을 본다면 절대로 면접관의 신뢰를 얻을 수 없다. 면접관 한 명, 한 명과 따뜻한 눈빛을 나누고 정말 합격하고 싶다는 마음이 전해지도록 눈빛 교환을 해야 한다. 고개를 숙이거나 너무 쳐드는 것도 바람직하지 않고 목을 몸쪽으로 끌어당겨 강인함을 보이고, 면접관과의 직접적인 eye contact이 부담스러울 경우는 면접관의 인중이나 미간에 시선을 맞추어 이

야기하는 것도 바람직하다.

또한 자신의 답변이 끝났다고 미소를 짓고 있지 않거나 시선을 분산시키는 행동은 아무리 처음 이미지가 좋아도 면접관에게는 가식적인 사람으로 인식될 수 있다는 것을 알아야 한다.

아. 이 회사에 내가 왜 필요한지를 설명해야 한다.

- 지원동기, 직무적합성, 성격의 장단점에 대해 답변할 때, 자신이 왜 이 회사에 꼭 필요한 사람인지를 국어책 읽듯이 말하는 것이 아니라 자연스러우면서도 열정적으로 말하는 것이 좋다. 이 답변을 자신없게 하거나 추상적으로 얼버무리거나 너무 딱딱하게 말한다면 입사의지가 약한 것으로 판단해 좋은 평가를 못 받기 때문이다.

자. 면접 종료 후 퇴장 때의 모습도 중요하다는 것을 명심해야 한다.

- 면접관이 '이제 나가도 좋다'는 멘트를 하면 면접은 종료된다. 이때 이젠 끝났다고 모양을 흐트러트리거나 웃음기 없는 표정을 하는 것은 바람직하지 않다. 면접관들은 지켜보지 않는 것 같아도 그들의 눈과 귀는 항상 열려 있음을 인식하고 면접장에 들어오는 자세 못지않게 나가는 자세도 매우 중요하다는 것을 꼭 명심해야 한다.

2) 면접에 실패하는 5가지 행동

가. 준비되지 않은 첫인상

- 올바른 자세와 매너 있는 태도는 첫인상을 좌우하는 중요 요소이다. 균형이 맞지 않는 상체나 앞으로 등이 굽은 자세, 이야기 중 한쪽으로 치켜 올라가는 입술 등은 좋은 첫인상을 줄 수 없다. 특히 여럿이 함께 보는 면접에서는 지원자에게 주어지는 시간이 매우 짧기에 평소 좋지 않은 자세나 잘못된 버릇이 있다면 미리 교정하는 것이 좋다.

나. 말끝을 흐리는 말투

- 답변이 아무리 좋더라도 그것을 전하는 목소리나 말투가 바르지 않으면 아무 소용이 없다. 답변에 자신이 없더라도 자신 있고 분명하게 얘기해야 하고, 잘 모르는 부분은 "죄송합니다. 잘 모르겠습니다." 라고 말하도록 한다.

다. 질문을 이해하지 못하고 동문서답하는 경우

- 면접관의 질문 의도를 파악하지 못하고 그에 대한 답변을 한다면 면접관은 지원자를 좋게 볼 수 없을 것이다. 면접자의 질문 의도를 파악하기 위해 경청해야 하고 신중하게 생각하고 말하도록 해야 한다. 설령 질문을 이해했더라도 너무 장황하게 이야기하다 보면 질문의 본질을 잊어버릴 수 있으니 답변의 요점을 말하는 습관을 들이는 것이 좋다.

라. 단답형으로 얘기하는 답변

- 질문에 너무 간단히 "예!" 또는 "아니요!"로만 대답해 버리면 면접관은 지원자가 할 이야기가 많지 않다는 오해를 할 수 있고, 말하는 것도 귀찮아 한다는 인상을 받을 수 있다. 면접은 서류에서 알 수 없는 지원자의 생활, 생각, 경험을 알고자 하는 자리인 만큼 적절한 부연설명을 덧붙여 자신이 어떤 사람인지, 자신의 자질이 무엇인지, 평소 어떤 생각을 하고 있는지를 잘 표현할 필요가 있다.

마. 평소의 습관이나 불필요한 행동을 하는 경우

- 어떤 지원자들은 다리를 떨거나, 눈동자를 계속 굴리거나, 까치발을 드는 경우가 있다. 또한 질문에 대답하면서 "어~", "뭐~" 등의 평소 습관적 어투를 사용하기도 한다. 이러한 태도는 평소의 잘못된 습관으로 무의식적인 행동인 경우가 많으므로 고치도록 노력해야 한다.

3) 면접 전 준비

- 교통편과 소요 시간을 미리 파악한다.
- 제출한 이력서나 자기소개서의 내용을 미리 충분히 숙지한다.
- 회사에 대한 최근 정보를 수집한다. 회사의 홈페이지 웹사이트, 최근 이슈화된 기사나 인터넷 기사 등도 확인한다.
- 수험표 등의 준비물을 점검한다.
- 자신의 강점을 잘 드러낼 수 있는 용모 복장을 준비하라.
- 긴장되더라도 충분한 수면으로 안정감을 유지하라.

CHAPTER

13

면접질문

CHAPTER

13

IMAGE MAKING

면접질문

Q 긴장을 풀기 위한 질문

1	면접장에는 언제 도착하셨나요? 몇 시에 집에서 나오셨나요?
2	무엇을 타고 왔나요? 얼마나 걸렸나요?
3	아침식사는 하셨나요?
4	아침 면접이라 일찍 일어났을 것 같은데 몇 시에 일어났나요? 푹 잤나요?
5	면접장에 오니 느낌이 어땠나요?
6	많이 긴장되나요?
7	면접이 오후인데 오전엔 무엇을 했나요?

8	우리 회사 오니 어떤 느낌이 들었나요?
9	집은 어딘가요?
10	고향 자랑 좀 해주세요.
11	면접이 끝나면 무엇을 할 생각인가요?
12	면접 하루 전날 무슨 생각을 했나요?
13	면접이 끝나고 가장 먹고 싶은 음식은 무엇인가요?
14	화장은 본인이 했나요? 직접 했다면 시간이 얼마나 걸렸나요? 전문가에게 받았다면 비용이 얼마나 들었는지 말해주세요.

Q 자기 소개 및 PR 관련 질문

1	자기소개를 해보세요.
2	자기소개를 10초 안에 해보세요.
3	지원동기를 포함하여 자기소개를 해보세요.
4	자신이 왜 뽑혀야 하는지를 포함시켜서 자기소개를 해보세요.
5	한 단어로 자기 자신을 표현해 보세요.
6	본인을 4자성어로 표현해 보세요.
7	자신을 어떤 색에 비유하겠습니까?
8	자신을 동물(식물/사물)에 비유하라면, 무엇에 비유하겠습니까?
9	자신과 닮았다고 생각하는 연예인에 대해 말해보세요.
10	이 조에서 꼭 한 명이 뽑힐 수 있다면 누가 되어야 한다고 생각하나요?
11	이 지원자들 중에 자신만의 경쟁력은 무엇인가요?
12	만약 채용된다면 당신이 우리 회사를 위해 발휘할 수 있는 능력은 무엇인가요?
13	자신이 왜 우리 회사의 직원이 되어야 하는지 말해주세요.
14	자신의 강점을 3가지만 말해주세요
15	현재 자신의 미소에 몇 점을 줄 수 있나요?

Q 이력서를 보고 면접관이 하는 질문

1	이름의 한자 뜻이 무엇인가요?
2	집이 먼데 출퇴근하는 데 어려움이 있지 않을까요?
3	형제가 없으시네요? 외동이시네요?
4	전공이 특이하시네요?
5	학점이 좋으시네요? 학점이 낮으시네요?
6	대학교 자랑 한 번 해주시겠어요?
7	해외연수를 통해 무엇을 배우셨나요?
8	특별한 자격이 있으시네요. 자격을 취득한 이유는 무엇인가요?
9	00봉사활동을 하면서 느낀 점은 무엇인가요?
10	동아리 활동에 대해서 얘기해주세요.
11	토익점수가 좋으시네요? 토익점수가 낮으시네요?
12	중국어나 일어를 잘하시나요? 자기소개 해보시겠어요?
13	대회를 참가하게 된 동기는 무엇인가요?(포상 경험)
14	아르바이트(사회경험, 경력)를 하면서 어려웠던 점은 무엇인가요?
15	언제부터 이러한 취미를 가지고 있었나요?(취미 관련)
16	훌륭한 특기를 가지고 있네요. 혹시 보여주실 수 있나요?(예를 들어 '수화')

Q 성격, 장단점 관련 질문

1	본인의 장점에 대해 말해주세요.
2	주변 친구들이 본인에 대해 뭐라고 이야기하나요?
3	본인 성격의 어떤 부분이 서비스업에 적합하다고 생각합니까?
4	본인의 장점이 서비스 업무에 어떻게 활용될지에 대해 말해주세요.
5	본인의 가장 큰 매력은 무엇이라 생각하나요?
6	본인의 단점은 무엇인가요?

7	자신의 성격 중 이것 하나만은 꼭 고쳐야겠다고 생각하는 부분이 있다면, 무엇인가요?
8	당신이 한 행동 중 가장 후회스러웠던 것은 무엇인가요?
9	단점을 장점으로 승화시킨 경험이 있나요?
10	자신의 성격에 대해 말해보세요.
11	본인 성격의 장단점에 대해 말해보세요.
12	자신이 가진 자질 중 가장 부족한 점은 무엇이라고 생각하나요?
13	성격이 급한 편인가요, 느린 편인가요?
14	급한 성격과 느린 성격, 둘 중 어떤 성격의 소유자가 일을 잘할 수 있을까요?
15	급한 성격과 느린 성격, 둘 중 어떤 성격의 사람과 함께 일하는 것이 더 편한가요?
16	성격이 급하진 않나요?
17	어떤 타입의 사람과 잘 못 지내는 편인가요?
18	새침해 보이는 외모인데, 평소 그런 말을 자주 듣는 편인가요?
19	소극적으로 보이는데, 그런 말을 많이 듣는 편인가요?
20	다른 사람들이 보는 자신의 성격, 장점에 대해 말해보세요.
21	자신의 어떤 장점이 서비스 업무를 하는 데 도움이 될 것으로 생각하나요?
22	자신의 성격과 서비스하는 직업이 잘 맞는다고 생각하나요?
23	스스로 점수를 매긴다면, 당신은 몇 점입니까?
24	사람을 볼 때 무엇을 가장 먼저 보게 되며, 그 이유는 무엇인가요?

Q 취미, 특기, 체력 관련 질문

1	취미나 특기에 대해 말해보세요.
2	자신만이 할 수 있는 특별한 장기가 있나요?
3	여가시간은 어떻게 보냅니까?
4	요즘 가장 관심 있는 일은 무엇인가요?
5	취미가 영화감상인데 주로 어떤 영화장르를 좋아하나요?

6	보통 누구와 함께 영화를 보러 가나요?
7	가장 감명 깊었던 영화에 대해 말해보세요.
8	가장 감명 깊게 읽은 책은 무엇인가요?
9	최근 읽은 책에 대해서 말해보세요.
10	특기를 보여줄 수 있나요?
11	취미가 수영이라고 했는데 얼마나 잘하는 편입니까?
12	특기가 태권도인데 여성으로서 태권도를 하게 된 이유는 무엇인가요?
13	좋아하는 스포츠에 대해 말해보세요.
14	다른 지원자에 비해 자신만이 할 수 있는 특별한 장기가 있나요?
15	특기가 요리인데, 어떤 요리가 제일 자신 있나요?
16	취미가 특이한데 이러한 취미를 가지게 된 이유가 있나요?
17	체력이 약해 보이는데 일하는 데 문제가 없을까요?
18	몸이 약해 보이는데, 체력관리는 어떻게 하고 있나요?
19	평소 건강관리는 어떤 방법으로 하고 있나요?
20	건강을 위해 어떠한 노력을 하나요?
21	평상시 스트레스를 어떻게 푸나요?
22	언제 가장 스트레스를 받나요?
23	스트레스를 해결하는 본인만의 방법이 있나요?
24	최근에 가장 스트레스를 받았던 일에 대해 말해주세요.
25	술을 좋아하나요? 주량은 얼마나 되시나요?

Q 가치관, 인생관 관련 질문

1	본인만의 생활신조가 있나요?
2	좌우명은 무엇인가요?
3	살면서 지표로 삼는 말이 있다면 무엇인가요?

4	본인의 인생관에 대해 말해주세요.
5	본인의 인생관을 바탕으로 우리 회사에 어떻게 기여할 수 있을지 말해주세요.
6	자신이 가장 존경하는 인물에 대해 말해주세요.
7	인생의 롤모델에 대해 말해주세요.
8	삶의 멘토로 생각하는 사람이 있나요?
9	가족을 제외한 존경하는 인물에 대해 말해주세요.
10	인생에서 가장 큰 영향을 끼친 인물은 누구인가요?
11	지금의 가치관을 갖게 된 계기가 있나요?
12	살면서 가장 힘들었던 순간은 언제이며 어떻게 극복했나요?
13	최근에 가장 기뻤던 일은 무엇인가요?
14	성공이란 무엇이라고 생각하나요?
15	인생의 목표가 무엇인가요?
16	일에 있어서 과정과 결과 중 어느 것이 중요하다고 생각합니까?
17	만약 로또에 당첨된다면 어떻게 하겠습니까?
18	만약 1억 원이 생기면 무엇을 하고 싶은가요?
19	단기적인 개인목표는 무엇인가요?
20	살면서 가장 가치 있는 일은 무엇이라 생각하나요?
21	본인에게 가장 중요한 것은 무엇인가요?
22	처음 사람을 볼 때 제일 먼저 보는 것은 무엇인가요?
23	미소가 갖는 힘은 무엇이라 생각하나요?
24	이상형은 어떤 사람인가요?
25	미래의 배우자는 어떤 사람이었으면 좋겠습니까?

Q 가족과 친구 관련 질문

1	가족에 대해서 소개해보세요.
2	가훈이 있다면 무엇인가요?
3	아버지, 어머니 중 성격이나 외모는 누구를 더 닮았나요?
4	살아오면서 부모님께 효도했다고 생각한 건 언제인가요?
5	부모님께서는 본인이 하고 싶은 일에 대해 어떻게 생각하십니까?
6	오늘 부모님께서 어떤 조언을 해주신 것이 있나요?
7	오늘 면접을 보러 오기 전, 부모님과 어떤 대화를 나누었나요?
8	오늘 아침, 집에서 나올 때 어머니께서 하신 말씀은 무엇인가요?
9	친한 친구가 몇 명인가요?
10	가장 친한 친구에 대해 말해보세요.
11	면접 보기 전, 친구가 무슨 말을 해주었나요?
12	친구관계에서 가장 중요한 것은 무엇이라고 생각합니까?
13	친구를 사귈 때 가장 중요하게 생각하는 것은 무엇인가요?
14	지금 남자친구가 있나요?
15	남자친구의 어떤 면이 가장 좋나요?
16	오늘 면접 보러 오기 전 남자친구가 무슨 말을 해주었나요?
17	지금 생각나는 사람 한 사람만 말해보세요.
18	막내(장남, 장녀)의 장점을 말해보세요.
19	부모님 슬하를 떠나 살아본 적이 있나요?
20	부모님의 의견에 반대하고 하고 싶은 일을 한 경험이 있으면 말해보세요.

Q 학교생활 관련 질문

1	본인의 학교 자랑을 해보세요.
2	지금의 학교를 선택한 이유가 있습니까?
3	지금의 전공을 선택한 이유는 무엇인가요?
4	본인의 전공과 서비스 업무의 연관성에 대해 말해주세요.
5	여대를 나왔는데, 여대의 장점은 무엇인가요?
6	대학생활에서 가장 기억에 남는 일은 무엇인가요?
7	가장 좋아했던(싫어했던) 수업은 무엇인가요?
8	본인의 전공과 전혀 다른 직무에 지원한 이유는 무엇인가요?
9	학점이 좋지 않은데 그에 따른 이유가 있나요?
10	대학교 전공 이외에 몰두했던 일이 있나요?
11	아르바이트를 한 적이 있나요?
12	아르바이트를 하지 않은 이유는 무엇인가요?
13	대학생활에서 가장 중점을 둔 부분은 무엇인가요?
14	대학생활 중 가장 재미있었던 것은 무엇인가요?
15	대학생활에서 가장 후회스러운 것은 무엇인가요?
16	학교 다닐 때 동아리 활동을 했나요?
17	동아리 활동 경험에 대해 말해주세요.
18	왜 동아리 활동을 하지 않았나요?
19	봉사활동을 한 적 있나요? 어떤 일을 했나요?
20	대학생활 동안 가장 어려웠던(아쉬웠던/후회스러운) 점은 무엇인가요?
21	휴학하는 동안 무엇을 했나요?
22	졸업하고 2년 동안 무엇을 하였나요?
23	졸업이 늦어진 이유가 있나요?

Q 해외 경험 관련 질문

1	해외여행 경험이 있나요? 재미있는 에피소드가 있나요?
2	해외여행 경험이 있다면, 경비는 어떻게 마련했나요?
3	여행을 하면서 한국인이라는 것이 자랑스러웠던 적은 언제였나요?
4	해외 경험을 통해 외국인과 한국인의 가장 큰 차이는 무엇이라고 느꼈나요?
5	해외여행 중 문화적 충격을 느껴본 적이 있나요?
6	해외여행 중 가장 힘들었던 것은 무엇인가요?
7	미국으로 어학연수를 다녀왔는데 왜 미국을 선택했나요?
8	어학연수가 꼭 필요하다고 생각하나요?
9	어학연수를 6개월간 다녀왔는데 영어실력이 많이 향상되었나요?
10	어학연수 기간 동안 가장 기억에 남는 일은 무엇인가요?
11	어학연수를 하는 동안 가장 힘들었던 것은 무엇인가요?
12	가장 가고 싶은 여행지는 어디인가요?
13	외국인 친구가 있나요?

Q 어학능력 관련 질문

1	영어(중국어)공부는 어떻게 했나요? 영어(중국어)로 자기소개를 해보세요.
2	우리 항공사에 대해서 아는 대로 영어로 말해보세요.
3	영어(중국어)공부는 어떻게 하고 있어요?
4	토익 점수가 높은데 영어공부는 어떻게 했나요?
5	지금 심정을 영어로 표현해보세요.
6	어학연수를 다녀왔다고 되어 있는데, 그곳에서 있었던 일이나 그에 대하여 하고 싶은 말을 영어로 해보세요.

Q 경력관련 질문

1	아르바이트 경험에 대해 말해보세요.
2	많은 곳에서 일을 했는데, 가장 기억에 남는 아르바이트는 무엇인가요?
3	아르바이트 중 가장 기억에 남는 일에 대해 말해보세요.
4	아르바이트 중 가장 재미있었던 에피소드에 대해 말해주세요.
5	아르바이트 중 가장 힘들었던 부분은 무엇이었나요?
6	급여로 시간당 얼마의 돈을 받았나요? 그 돈으로 무엇을 하셨나요?
7	전 직장에서 가장 어려웠던 점은 무엇인가요?
8	현재 하는 일에 대해 말해주세요.
9	지금 회사에 입사한 지 얼마 안 되었는데 이직하고자 하는 이유는 무엇인가요?
10	연봉은 얼마나 되나요? 돈 관리는 자신이 하고 있나요?
11	내 인생 최악의 상사에 대해 말해보세요.
12	함께 일하기 싫은 유형의 상사를 말해보세요.
13	본인이 생각하는 좋은 상사와 나쁜 상사의 차이점 한 가지만 말해보세요.

Q 서비스 관련 질문

1	서비스 정신이란 무엇이라고 생각하나요?
2	좋은 서비스는 무엇이라고 생각하나요?
3	서비스란 무엇이라고 생각합니까?
4	자신의 서비스 마인드에 대해 말해보세요.
5	본인이 경험한 좋지 않았던 서비스에 대해 말해보세요.
6	좋지 않은 서비스는 무엇이라고 생각하나요?
7	좋은 서비스와 나쁜 서비스의 차이는 무엇이라고 생각하나요?
8	손님은 왕이라는 말이 있는데 이 말에 대한 본인의 생각은 어떤가요?

9	서비스 분야에서 아르바이트 경험이 많은데, 가장 기억에 남는 손님은 어떤 사람인가요?
10	서비스 아르바이트를 할 때, 가장 하기 싫었던 업무는 무엇이었나요?
11	고객으로부터 컴플레인 발생 시, 어떻게 대처하겠습니까?
12	고객에게 실수를 하거나 컴플레인을 받아본 적이 있나요?
13	까다로운 고객을 응대한 경험이 있나요? 어떻게 대처했나요?
14	응대하기 힘들었던 고객에 대해 말해보세요.
15	어떤 고객이 가장 대응하기 힘들다고 생각하나요?
16	이런 고객은 만나고 싶지 않다라는 유형의 고객이 있습니까? 어떤 고객인가요?
17	일하면서 실수한 적이 있나요? 어떤 상황이었으며 어떻게 해결했나요?
18	고객 접점 서비스 시 가장 중요하다고 생각하는 것은 무엇인가요?
19	고객을 만족시켜본 경험이 있다면 어떤 서비스로 만족을 드렸는지 말해주세요.
20	고객을 만족시키기 위해 중요한 것은 무엇이라고 생각하나요?
21	지원자 역시 20대인데, 20대 승객을 만족시키기 위해서는 어떻게 해야 할까요?
22	50대 남성 승객을 위해 어떤 서비스를 할 수 있을까요?
23	영어를 못하는 중국인 승객에게는 어떻게 서비스하겠습니까?
24	언어 소통이 전혀 안 되는 외국인 승객을 만난다면, 어떻게 서비스할 건가요?

Q 지원동기 관련 질문

1	우리 회사에 지원하게 된 동기에 대해 말해주세요.
2	왜 이 일을 하고 싶나요?
3	서비스 업무에 관심을 가지게 된 특별한 동기가 있나요?
4	다른 회사와 우리 회사의 차이점은 무엇이라 생각하나요?
5	우리 항공사의 어떠한 부분을 보고 지원했나요?
6	다른 회사에 지원해본 경험이 있나요?
7	언제부터 이 일을 하고 싶었나요?

8	이번에 졸업했는데 왜 작년에는 지원하지 않았나요?
9	다른 지원자들에 비해 나이가 많은 편인데 지원을 왜 이렇게 늦게 하셨나요?

Q 직장인의 자세에 관한 질문

1	학생과 사회인의 차이는 무엇이라 생각하나요?
2	사회인이 되기 위해 갖추어야 할 것은 무엇이라 생각하나요?
3	직장을 선택할 때 무엇을 가장 중요하게 생각하나요?
4	직장은 언제까지 다닐 건가요?
5	동료와의 문제가 발생했을 때 어떻게 해결하시겠어요?
6	상사가 부당한 업무를 지시했을 때 어떻게 대처하시겠습니까?
7	본인의 목표와 회사에서 요구하는 방향이 다르다면 어떻게 하시겠습니까?
8	개인의 이념과 회사의 이념 중 무엇이 더 중요한가요?
9	결혼은 언제쯤 하고 싶은가요?
10	결혼 후 육아문제는 어떻게 할 건가요?
11	상사가 성희롱을 한다고 생각된다면 어떻게 대처하시겠습니까?
12	회사의 중요한 일과 개인적으로 중요한 일이 겹치면 어떻게 할 건가요?

Q 시사관련 질문

1	최근 이슈가 되고 있는 것은 무엇인가요?
2	오늘 아침 헤드라인 기사는 무엇인가요?
3	청년 실업문제에 대해 어떻게 생각하십니까? 해결방안은 무엇이라 생각하나요?
4	최근 경제상황이 좋지 않은데 전망은 어떻게 생각하나요?
5	인터넷 통신언어에서 줄임말이나 은어, 신조어 등이 많이 쓰이는데 본인의 생각은 어떤가요?

6	환율변동이 관광산업에 미치는 영향은 어떤가요?
7	신문을 보나요?
8	성형수술에 대해 어떻게 생각하나요?
9	우리나라 사교육에 대한 본인의 생각은 어떤가요?
10	평소 상식은 어디에서 얻습니까?
11	신문 이외에 정기적으로 구독하는 잡지가 있나요?
12	최근 즐겨 보는 방송프로는 무엇인가요?
13	최근 20대들의 관심사는 무엇인가요?
14	대학생들은 등록금 인상의 원인이 무엇이라 생각하나요?
15	북한과 통일이 되었을 때 가장 큰 문제점은 무엇이라 생각하나요?
16	우리나라 국민소득이 얼마인지 알고 있나요?
17	저출산에 대해 어떻게 생각하나요?
18	다문화가정에 대한 본인의 생각은 어떤가요?
19	신용불량자들의 문제를 해결하기 위한 방안은 무엇이라 생각하나요?
20	취업난의 원인이 무엇이라 생각하나요?

참 / 고 / 문 / 헌

- 글로벌 서비스매너(한국여성교양학회). 신정
- 글로벌 서비스맨의 길잡이 서비스 매너(미래서비스 아카데미). 새로미
- 매너와 에테켓(한국관광대학 교재개발 위원회). 새로미
- 면접의 비밀(조영환). 북오션
- 면접의 이론과 실제(주경희). 역락
- 면접의 정석(서형준). 부키
- 비즈니스매너와 글로벌에티켓(오정주, 권인아). 한올
- 서비스매너(장순자). 백산출판사
- 서비스맨의 이미지 메이킹(박혜정). 백산출판사
- 성공하는 리더의 글로벌 매너(김미자). 백산출판사
- 스튜어디스 합격을 위한 실전 트레이닝북(김안숙). 마이북스
- 이시한의 취업자기소개서 불패노트. 알에이치코리아
- 외국어로서의 한국어 어학개론(김진호). 박이정
- 취업자기소개서 작성비법(jun's 취업연구소). 에듀크라운
- 한국어 경어법의 기능과 사용원리(이정복). 소통
- 현대인의 생활 매너(이영희, 박소연, 박혜윤). 백산출판사
- 헤드헌터들이 직접 쓴 이력서 자기소개서에 배팅하라(이동하 외 5명 공저). 책과사람들
- 커뮤니케이션 기법과 효과(노순규). 한국기업경영연구원
- 커뮤니케이션 예절(박소연, 김민수, 박혜윤). 새로미
- 표준 언어예절. 국립국어원
- 2021 SMAT비즈니스 커뮤니케이션(Module A). 시대고시기획

저 / 자 / 약 / 력

유정화

세종대학교 관광대학원 관광경영학 석사
세종대학교 일반대학원 호텔관광경영학 박사

전) 대한항공 객실승무원
    인하공업전문대학교 외래교수
    한국관광대학교 외래교수
    장안대학교 항공관광과 전임교수

현) 중부대학교 항공서비스학전공 교수

이나영

세종대학교 관광대학원 관광경영학 석사

전) 대한항공 객실승무원
    동양미래대학교 외래교수
    백석문화대학교 외래교수
    협성대학교 외래교수

현) 장안대학교 외래교수

한 권으로 완성되는

이미지 메이킹과 면접

2021년 3월 10일 초판 1쇄 발행
2024년 8월 31일 초판 4쇄 발행

지은이 유정화 · 이나영
펴낸이 진욱상
펴낸곳 (주)백산출판사
교　정 성인숙
본문디자인 박은령
표지디자인 오정은

등　록 2017년 5월 29일 제406-2017-000058호
주　소 경기도 파주시 회동길 370(백산빌딩 3층)
전　화 02-914-1621(代)
팩　스 031-955-9911
이메일 edit@ibaeksan.kr
홈페이지 www.ibaeksan.kr

ISBN 979-11-6567-264-5 93980
값 21,000원